教育家的智慧

黃昆輝教授教育基金會教育學講座選集

財團法人黃昆輝教授教育基金會　主編

周愚文、陳儫志　執行主編

單文經、黃光雄、黃宗顯
黃昆輝、黃政傑、楊深坑、歐用生　著

五南圖書出版公司　印行

主編序

　　民國 105 年 9 月臺灣民間的大企業家林陳海先生等，有感於臺灣教育問題日益嚴重，亟待研究改進，遂捐資成立「財團法人黃昆輝教授教育基金會」，作為教育學者、專家與實務工作者合作的平臺；並特邀教育界者碩黃昆輝教授擔任董事長，黃博士歷任國立臺灣師範大學教育研究所所長、教育學系主任、臺北市教育局局長、臺灣省教育廳廳長、內政部長、總統府祕書長、總統府資政等職，教育理論與實務經驗俱豐。

　　基金會成立後主要任務之一，即在探究教育問題及舉辦教育活動。由於國外知名大學常設有學術講座，因此自民國 106 年度起列入年度工作計畫，經董事會同意，在國立臺灣師範大學教育學系、臺北市立大學教育學系、國立臺中教育大學教育學系及國立中正大學教育學研究所等四學術單位，設立「教育學講座」，由基金會每年提供經費補助，以利其邀請國內外知名教育學者蒞校講演，共同推廣教育學術。民國 110 年度起，再增加國立暨南國際大學教育學院及國立東華大學花師教育學院兩學術單位。

　　為了分享主講學者的智慧，基金會特從過去三年所舉辦的多場講演中，精選七場講演紀錄彙編成選集，以饗學界。原黃董事長本人謙辭收入個人講稿，惟編者考慮該篇闡明了本基金會近三年重要專案研究的成果要點，且為求全書內容的豐富性與前瞻性，仍懇請他勉允賜稿。講演內容範圍教育思想與教育實踐兼重，主題則包括教育機會均等理念與教育政策的檢視、西方教育思想史研究心得、西方教育學的起源與發展、杜威教育思想研究評析、美學與教育領導、教師的深度學習與教師專業成長，及臺灣教育改革檢討等。七位主講人均為國內知名的教育學者，望重士林，對所專精的教育學領域都有豐碩的研究成果，因此本書以「教育家的智慧」為名，希望讀者能站在巨人的肩膀上，汲取其思想精華，有助未來的學術研究或實務工作。

執行主編　謹識

110 年 4 月春

目　錄
Contents

以「教育機會均等」理念
檢視若干現行教育政策

黃昆輝教授
財團法人黃昆輝教授教育基金會董事長

講演時間：2019 年 4 月 19 日
講演地點：國立中正大學教育學研究所

壹、前言

　　「教育機會均等」是人類揭櫫的一項崇高的教育理想，也是教育工作者追求的重要目標。但此一理想之實現、目標之達成，確實不易；不過，教育機會均等倒是可以作為檢驗教育制度、政策或措施的標準。今天，昆輝想嘗試從教育機會均等的理念來探討我國現行的若干教育政策與措施。在討論之前，擬先闡述幾個相關的概念。

一、教育機會均等

　　早期，我們以「讓每個國民都有接受共同基本教育的同等機會」作為準繩。但若加以深究，教育機會均等應有更深層的意涵，亦即

「讓每個學生都有機會接受符合個人性向、興趣及能力的教育，以發揮其潛能。」在國民義務教育普及後，許多教育進步國家幾已達成教育機會均等的第一層次的目標；但距實現更高層次的理想，則尚有相當大的落差，而此一層次才是「教育機會均等」的真諦。

二、追求卓越與實現社會公平正義

「追求卓越」與「實現社會公平正義」，則是近年來熱門的教育議題。就表面來看，教育機會均等理想的實踐應與實現社會公平正義相近，而與追求卓越的理念較遠，甚或認為有點背道而馳。但以深層的教育機會均等理念來分析，一個人若能依其性向、興趣及能力，發揮其潛能，不也就是在追求「個人的卓越」？就以資賦優異與智能不足學生的學習發展為例，前者，若依其特殊才能，特別規劃課程、安排輔導，以激發其潛力，協助其學習，培養成頂尖的專業人才。這應是大家都認可的追求卓越之歷程。後者，若安排特殊的輔導與訓練，培養其生活自理的能力；再進而訓練洗車之類的簡易工作能力，讓其得以進入職場，獲得養活自己的薪資，不用完全依賴家人或社會福利機構。如此的學習成果，就社會評價而言，一點都「不卓越」；但可能已到達他學習成長的極限，對他個人而言，不也是達成了追求「個人的卓越」之目標？再就社會整體勞動力而言，這可是一個充分勞動參與的人力。另以一般學生為例，若能協助其依個人性向、興趣及能力選擇升學進路與科系，則能增強其學習的意願與學習的效率，有利其追求「個人的卓越」。

三、ICTs與AI的新時代

　　人類已進入「資訊與通訊技術」（ICTs）與人工智慧（AI）快速發展的時代，改變了工作型態與人力需求。勞動力必須具備的，不再只是技術能力，而需更廣泛的能力如認知、溝通、協調及人際交往能力，以避免被人工智慧與機器人所取代。我們的教育政策與學校教育也必須因應調適改革。

貳、廣設高中大學

　　首先，我要談一談：教改倡議「廣設高中大學」，政府選擇高等教育急速擴張政策。這項政策產生兩大影響：一方面高等教育急速擴張，專科升格學院，學院升格大學，讓能力與性向不適合學術發展進路的學生大量進入大學院校，造成其畢業生素質明顯下降，已產生「教育水準」與「教育程度」不相符現象；同時因大學畢業生大幅增加，衝擊勞動市場供給面，而壓縮其薪資成長，也產生勞動力教育程度與市場所需的教育水準不相稱的狀況。我們經常看到新聞報導公司徵求高中職程度的職缺，卻吸引許多大學、甚至研究所畢業生來應徵。此一政策現在不但讓我們的高等教育走入「平庸化」，而且因少子化的衝擊，已有大學面臨招生困難，難以為繼，衍生退場的問題。

　　另方面，廣設大學之倡議與實施，也影響技職學校的發展。我國社會原就有偏重升高中、大學，輕技職教育之傾向，在此一政策之下，有不少學校改制「綜合中學」，專科學校與技術學院升格為科技大學，而科技大學又向普通綜合大學看齊，傾向學術研究與教學，不重視技術研習，偏離技職學校辦學的目標。如此，不但壓縮技職學校生存發展的空間，相對剝奪適合職業發展進路學生的學習機會；同時

也激發職校學生追求升學的風潮，輕忽技術學習與實習，無法習得就業所需的技能。無怪乎產業界長期對人力「供需失調」與「學用落差」抱怨連連，最近又喊出「缺才、缺工」的訴求。

根據上述分析，可以看出廣設高中大學，急速擴張高等教育，明顯違反提供學生「接受符合個人性向、興趣及能力的教育，以發揮其潛能」之原則，其結果造成大學畢業生供過於求，素質下降，薪資低落；而技職學校畢業生技術未臻成熟，難符產業界需求之窘境。昆輝認為高等教育過度擴張，供過於求，且影響教育品質，社會討論大學退場機制已久，教育主管機關宜「加速」研議，訂定「適法」對策，解決問題。

至於技職教育發展問題，個人覺得同樣缺乏天然資源而需高度依賴人力資源的新加坡，其經驗相當值得我們參考。去年，應邀參加「2018 教育政策與經濟發展國際研討會」的新加坡知名學者 Dr. Goh Chor Boon 表示，新加坡的技職教育在 1990 年代以前並不受重視，其社會有考試主義、學者症候群，其人民也有「念書做官比較好，從事藍領工作比較不好」的刻板印象。其政府意識到這種「萬般皆下品，唯有讀書高」的觀念會損傷國家經濟發展，乃設置「工藝教育局」（Institute of Technical Education），來重建技職教育系統，提高技職教育經費，充實教學設備與場地，並建構技職教育多元進修管道，讓學生也可透過終身學習進入學術路線。同時，其政府也透過政策運用提高藍領薪水，並教育民眾「藍領和白領工作同樣是值得尊敬的」，終於逐漸扭轉了學生和家長的觀念。

昆輝在這裡，要補充說明，觀念的改變並不容易，新加坡花了近四十年的功夫。而本基金會在 2017 年舉行一項「技職教育重要議題民意調查」，調查結果發現：受訪民眾同意「目前學生就讀技職院校是有前途的」，占 75.7%；不同意者，僅占 11.3%，似乎顯示民眾對

技職教育的觀感已在改變了。當然，未作進一步調查，尚難了解其改變的原因，但這也可視為我國推動技職教育改革的契機。至於如何改革，除了新加坡的經驗足供借鏡，本基金會在 2017 年 11 月舉行一項「當前臺灣技術與職業教育問題與對策研討會」，邀請產、官、學界先進共同研討，提出多項具體建議，諸如根據國家經濟發展，推估人力需求，訂定人力培育計畫；落實技職體系培育分工，並強化技能認證制度；加強職業試探及分流選擇與輔導等等；亦可供教育主管機關參考。

參、弱勢者教育

人力資本理論認為教育是一種創造人力資本的投資，跟物質資本一樣可以加以分析。教育政策在資源有限的狀況下，則可依據成本效益分析來決定優先投資哪些層級或類別的教育。最近幾年，弱勢者教育較常被討論、研究，逐漸受到學界的重視，但仍未反映在教育政策上。臺灣已成為一個 M 型社會，也就是中產階級逐漸消失，轉變成為富裕與貧窮雙峰的社會；財富 M 型化影響所及，教育隨之變成 M 型化，也就是社經地位較高家庭子女就讀品質較優的學校，繳交較低學費，擁有較多的升學機會，而社經地位較低家庭子女就讀品質較差的學校，卻要繳交較高學費，升學機會亦較少。就以高等教育為例，我國 103 學年度弱勢家庭子女就讀私立大專，高達 77.35%；就讀公立大專，則占 22.65%；其中，進入頂尖大學的僅占 5.37%（聯合報，2015）。因而有「頂大少寒門，私大多弱勢」之譏。

政府對於弱勢者教育的投資，在身心障礙教育方面較多，推行多年，且有相當不錯的成績；但對於經濟弱勢與文化弱勢，以及原住民與新住民學生的協助仍相當有限，還有很大的努力空間。這些弱勢者

在學習成長與發展的過程，並非因「個人性向、興趣或能力」，而是因為金錢、文化落差、語言隔閡、居住偏遠等外在因素，受到限制或挫折，實在有違社會公平正義原則。而這些學生的潛能因而無法充分發揮，也是一種人力資源的浪費，社會的損失。此外，教育被視為促進社會向上流動的驅動力，但以目前臺灣教育呈現 M 型化、階級化的狀況，弱勢者要藉教育翻身的機會實在不大，反而有演變成貧窮世襲之趨向，以致擴大社會貧富差距，種下潛在危機。

若就教育發展歷史來看，早期受教育原本就屬社經地位高層的專利，中下階層的受教權係逐步爭取而來的。現在各國政府在政策抉擇上仍傾向多投資於菁英族群，臺灣亦然。這除了受歷史背景影響外，一般邏輯思考，也傾向認為投資菁英的效益較高，可說是一種想當然耳。去年，國家教育研究院許添明院長在前述國際研討會提出的「引言報告」，引述幾位外國學者的研究顯示：最有效率的資源運用，不再是投資在菁英，而是集中投資在弱勢者，提高他們的基本學力。其實，此一論點頗合乎邏輯：（一）弱勢者藉教育投資提升能力，一方面增加國家的勞動力，另方面減輕社會照顧的負擔。（二）弱勢者中，亦有深具潛力或特殊才能，提供資源協助其成長，也能造就頂尖人才。基本上，投資弱勢者教育，既合乎教育機會均等的理念，也符合社會公平正義原則，同時又有相當大的效益，政府應該特別重視，改變過去由地方政府與民間團體分別投入的作法，而由中央成立研究推動小組，統籌規劃，集中經費，逐步實施。

肆、五歲幼兒教育

「五歲幼兒教育義務化」或稱「國民教育向下延伸一年」，是一項倡議已久、未見落實的教育政策議題。1984 年「學制改革方案」

就提出「將五歲以上兒童納入義務教育範圍」，1988 年「第六次全國教育會議」即倡議「國教向下延伸一年」。其後，1994 年「第七次全國教育會議」、1996 年「教育改革總諮議報告書」及 2003 年「全國教育發展會議」都重提此議，卻一直無法真正落實。不過，政府採取「幼兒教育補助政策」以為因應，先後實施「幼兒教育券」、「扶持五歲幼兒教育計畫」及「原住民幼兒學費補助」。2011 年更全國實施「五歲幼兒免費就學補助政策」，但因公立幼兒園容量不足、分布不均，私立幼兒園品質參差不齊，公私立落差相當大，影響就學機會均等，而遭受批評。

昆輝認為「五歲幼兒教育義務化」就是一項實踐教育機會均等的政策，因為父母都不願子女教育輸在起跑點，而此項政策可讓孩子提早一年接受同等且較佳品質的幼兒教育，無怪乎民眾對全面實施「五歲幼兒教育義務化」多抱持高度的期待。本基金會 2018 年舉行的「五歲幼兒教育義務化民意調查」結果顯示，受訪民眾有 81.7% 贊同此項政策。而本基金會委託盧美貴教授的「幼兒教育義務化主要問題及解決對策之研究」所做問卷調查，則有 81.8% 受訪者表示贊同，電話訪問調查與問卷調查結果一致，皆高達八成。這項政策也符合世界教育發展趨勢，歐美教育進步國早就把五歲幼兒教育納入國民義務教育範圍，而在亞洲連 GDP 低於我國的泰國、越南、菲律賓都已實施，我們實在沒有再拖延的理由。因此，建議教育部成立「五歲幼兒教育義務化推動小組」進行規劃推動，並應宣布「五歲幼兒教育義務化實施期程」。

伍、結語

昆輝嘗試將教育機會均等分為兩個層次，第一個層次正可呼應

「國民教育」，在這階段讓國人都有接受共同的國民教育之機會，培養基本的學術和生活能力，以及公民應有的素養。學校在這個階段另有一項非常重要的任務，就是進行學生性向試探與升學進路輔導，以導引其進入另一層次的學習成長。更高層次的教育機會均等，昆輝覺得可以採用人力資本理論的觀點，把教育視爲創造人力資本的投資。這階段屬於個人專業能力的培養，要激發學生的潛能，將其培育成爲具備就業市場所需能力的勞動力。至於教育政策方面，國民教育階段不能全以利益著眼，但此一階段則應講求效益與效率，以成本效益分析與可行性評估作爲政策抉擇的依據，選有利的投資。不過，教育機會均等既然被視爲崇高的理想，自然不易落實。即使達成第一層次的目標：「提供國民接受共同基本教育的同等機會」，享有同等的機會，未必接受同等的內容。但儘管不易實現，仍可作爲努力目標，亦可作爲評核標準。

最後，昆輝想用一點時間向大家特別報告，「2018 教育政策與經濟發展國際研討會」應邀與會的美、日、韓及新加坡學者，均提醒我國面對 ICTs 和 AI 快速發展的衝擊，必須及早採行因應措施，而這四個國家都已有因應的對策。以新加坡爲例，Dr. Goh Chor Boon 表示，該國爲了培育現代社會所需的人才，學校已放棄「標準化的集體教育方式」，致力推展教學與學習「客制化」，以協助學生發揮潛力。目前，以推動「思考課程」（thinking curriculum）作爲現階段教育的核心，其課程多半爲跨領域性質，以培養學生學習解決問題、作決定、從事批判性與創造性思考爲目標。韓國 Dr. Jong-wha Lee 則強調，AI 時代勞動力需具有認知與 4Cs 能力包括批判性思考（critical thinking）、創造力（creativity）、協作能力（collaboration）及溝通能力（communication）。四位學者也都提出跨領域與創新人才的重要性。昆輝覺得以我們現在這種僵化的教學方式，恐難培養這些能

力，也難以培育這種人才，因此必須積極地進行「教學改革」，包括調整課程、教材、教學與評量方式。而教育政策與行政措施也應更具「彈性化」，才足以因應現在這種快速的政治、社會、產經結構與科技發展的變化。

我國教育已存在不少延宕多年的老問題，亟待解決；當前急遽變遷的衝擊，也須及早因應。昆輝認為 AI 時代的衝擊，牽涉頗廣，應興應革者眾，期盼教育界的先進能深入研究，多加探討。

我學習西方教育思想史的一些感想

黃光雄教授
前國立中正大學榮譽教授

講演時間：2018 年 6 月 12 日
講演地點：國立中正大學教育學研究所

　　所長、各位老同事，還有各位年輕的未來的學者，所長要我來跟各位報告學習的一些心得。我想一年來一、兩次，看看我的研究室還在不在，所以也很高興就過來了。我主要學習的是西方教育思想史，在英國讀書的時候，覺得回來教教育史不曉得有沒有機會，因為那個時候，臺灣師大是林玉体教授在上，回來不曉得有沒有機會。後來剛好我聽倫敦大學課程系主任 Denis Lawton 在演講課程，我在大學及研究所都沒有學過課程，好奇地去聽聽看，聽了也覺得不錯。後來沒事就去倫敦大學旁邊的 Dillons 書店，把所有書架上課程的書買了，也沒有多少，因為那個美國比較進步，英國沒有什麼，這樣講，蔡教授不太高興，就十幾本，無聊就把它看看。回國後，剛好有這個機會，那麼就在臺灣師大教育研究所上一門「近代西方教育思想史」，也上一門「課程研究」，這樣才能夠湊足鐘點，不然的話，鐘點不夠，那課程實在是無心插柳的。國內很多人以為我是學課程，事實

上，不是，我不是正科班的，我主要還是學西方教育思想史的。

最主要還是受老師們影響太大了。我進大一的時候，民國 45 年，在座大部分人都還沒有出生。民國 45 年，我進臺灣師大教育系，田老師教「教育概論」一年，第二年田老師教「哲學概論」，第三年田老師教「現代西方教育思潮」，這門課是大學跟研究生合上的。在大學部時，田老師對我影響最大；再來就是楊亮功教授，楊亮功教授翻譯 Cubberley 的《西洋教育史》，很厚兩本，這個現在在臺灣已絕版了。研究所的時候繼續受到田老師的影響，因為他是所長，還有一位是我的指導老師趙雅博，趙老師是哲學家。在研究所的時候，田老師上課非常幽默、生動，人家說深入淺出，我說他是淺入淺出。循循善誘，很熱愛學生，所以，在那個年代，我們很多在臺灣師大教育研究所寫的論文大概都是什麼呢？「中國教育思想史」、「西方教育思想史」這些領域，大部分都是寫這些，都是因為受到他的影響。

我順便提一提，我在唸碩士的時候，臺灣師大教育研究所是在舊圖書館的右側，正門是圖書館，右側是教育研究所，空間很小。我在圖書館讀書，12 點了，當然就會想吃飯，一走出圖書館，常常看到田老師下班要回去，要到對面校本部，然後就陪著他走路。他說：「光雄，所上你看什麼書啊？」那時候，我大部分都是看哲學方面的書，因為他教這方面。田老師說：「怎麼樣，你有沒有看完？」我說：「還沒有。」田老師說：「有沒有什麼心得？跟我分享一下子」，就沿途一直跟他報告、報告，報告完了，他忽然間會冒出一句畫龍點睛的話，讓我豁然貫通。所以我說薑還是老的辣，每次從圖書館出來就往右看，看田老師有沒有剛好走過。但是又喜歡見他、又怕見他，為什麼呢？因為他都會說「有什麼心得？你報告一下子啊！」如果說腦袋空空的，說不出來，會很不好意思，田老師真的影響我很

大。所以我說，同學將來要走哪一條路，老師的影響很重要。就我個人來說是很大的，這是我第一點的感想。

　　第二點就是說，你要研究教育思想史，或者一般的教育史，大概背景的知識非常重要。比如說我們常常會碰到什麼呢？哲學、哲學史、社會學、社會思想史，又譬如說是心理學、心理學史。這些我在大學部都修過，哲學要學一年，心理學要學一年，然後社會學三個學分。那個時候，哲學都是田老師，社會學是謝徵孚教授，他是涂爾幹的學生，學問真好；然後心理學教授是留學日本的，他講的觀點好像是哲學心理學，講什麼情操，他最喜歡講血型，常常說他是 O 型的，O 型有什麼優點都講這個。我社會學學得相當好，哲學學得不錯，心理學實在是……，這個可是 6 學分喔！各位知道師大教育系，6 學分3/3 這樣，後來剛好那個時候有海盜版，我還記得那位作者是 Clifford Morgan，海盜版的心理學這麼厚，五百多頁我就買來。大一一邊看、一邊翻字典，我從第一頁翻到五百多頁，那個單字非常多，第一頁幾乎是至少有三十個字，然後一直慢慢到最後好像還好。因為那個時候，我們有升旗典禮，沒有像現在師範生那麼好，所以升旗典禮的時候，就把昨天看的那些心理學的單字，就在操場上背，所以慢慢的那個單字就減少，那個時候我才知道科學心理學，才有所心得，有了這方面的背景知識。後來我又自己讀了經濟學，大概是大二以後的事情。我還記得臺大經濟學教授施建生的經濟學；又自己讀了政治學，我還記得有臺大的薩孟武、政大的鄒文海；還讀了文化史，還讀了西方政治思想史，都從柏拉圖開始講起。因為受到田老師的影響，我就一直在充實背景知識。我在大學部、研究所沒有像各位那麼好運，沒有學過研究法，師大教育系那個年代沒有教育研究法，研究所也沒有，都沒有，不要說史學方法，更沒有！所以那個時候我就去讀幾本史學方法，一本是 Carr 的 *"What is History?"*；另外一本是 Elton 的 *"The*

Practice of History"，還有其他兩、三本；還有一本中文的，就是黃進興編譯的《歷史學與社會科學》，在這裡面我學到一些量化史學、心理史學，在那個年代正興盛的時候，所以我到倫敦大學去，我的指導老師 Richard Aldrich，第一天要我讀的第一個禮拜書就是 "*What is History?* 那一本，我很開心，因爲我讀過了，所以那一個禮拜是在複習。結果那個是眞倒楣，爲什麼呢？一個禮拜就去跟他討論，他覺得我很厲害，事實上是在臺灣看過。結果以後增加的份量越增加越多，所以這個很笨，應該不要一次就把它唸完，唸到怎麼樣，唸到讀不下去！那個時候很多人到英國去、到倫敦去，奇怪！都知道我的宿舍，都要我陪他們去採購，結果忙碌到有時候來不及讀完進度，所以就趕快打電話給老師的祕書，說我這個禮拜身體不好。結果很快接到老師的回覆，說什麼呢？那下個禮拜增加份量，結果這個禮拜沒有讀完，又增加下禮拜的份量，以後都不敢說我生病。就是這樣一個禮拜，英國的制度是每一個禮拜見面，指定要讀什麼、要讀什麼，還好我大概在大學就充實了這些背景知識了。那個時候到目前爲止，我眞的覺得最遺憾的，就是我在大二的時候修過兩種語言，同時學法文跟德文，因爲我唸了教育史和田老師哲學的時候，我覺得德文跟法文必須要具備，所以我就去修這些課。因爲師大教育系沒有德文方面的課，也沒有法文方面的課，都是一般系所開的，所以我學習進度很慢，學習得好像不多。法文是一位法國的太太，她用的書是很輕鬆的，是 "*French without Toil*"。上課很輕鬆，每一個禮拜的進度都有一首童謠，我還記得什麼 "Frère Jacques, Frère Jacques, dormez-vous"，我還記得這一首，那個時候大二，民國 46 年的時候。德文學的是更無聊，唸那本 "*German Grammar*"，唸 "*German Grammar*" 教科書耶，很遺憾！因爲沒有繼續讀下去，所以我後來很後悔。但是至少發音還好，比如說德國人的人名發音、法國人的人名的發音，或者至少我都

準備很多德文的辭典、法文的辭典，有時候查就很方便，所以工具書非常的重要。這個是我的背景知識，我在大學時自我充實的過程。

我再講一個笑話，反正是聊天。那時候我當家教，一週三個晚上，一個月 200 塊。你們現在想不通 200 塊是多少？你們應該沒有概念。當時中學老師薪水一個月是 800 多塊，我家教是 200 塊，後來家裡因為變得很窮，在賣青草茶，我再多一個家教，分一、三、五；二、四、六，一個月 400 塊。每一個月的每一個禮拜六、禮拜天，都會到臺北市牯嶺街的一大排舊書攤，去那邊挑書、買書，跟老闆都熟了。有一次，他拿一個用紙包的書，把我拉去旁邊說，「同學，這是寶貝，要不要買？」我一打開，是馮友蘭的《中國哲學史》，精裝這麼厚。我說：「老闆，多少錢？」老闆說：「老朋友算便宜一點，80 塊」，我一個月賺 200 塊，他要跟我拿 80 塊，從街頭走到街尾，街尾又走回來，「好啦，買。」80 塊買了。那個時候到了大三，就一直讀，不管懂不懂就一直讀，因為我讀過胡適的《中國哲學史》，又一直讀、一直讀，似懂非懂，因為那麼貴買的，一、兩個月一定要把它讀完，讀完不曉得懂不懂，我現在也想不起來了，所以這個實在是很糟糕。

再來，我想工具書是非常重要，因我在寫《古希臘教育家》的下冊，我開了幾十本的工具書。因為研究古希臘可以使用的工具書，我這裡隨便舉了幾本，比如說有這個新的《牛津簡明詞典》（*The Shorter Oxford English Dictionary on Historical Principles*），重要是裡面的副標題「on Historical Principles」，為什麼呢？因為這一本有一個好處，有說明那個字，在什麼時候有什麼定義？在哪一個年代有什麼定義？所以，比如說當你在研究十六世紀或者是十七世紀，你如果在它的文獻，看不太懂這個字的時候，用現在的定義看不太懂的時候，你就去翻那個字典。如果運氣好，它會告訴你十七世紀、十八

世紀這個字的意思是什麼？這個就是工具書的好處。比如說，我這裡面也提到，劍橋大學出版的，B. R. Mitchell 兩個人所編的《英國的歷史統計摘要》（*Abstract of British Historical Statistics*），那個非常好。比如說人口的演變、數量、人口數目、各郡、還有工資，什麼時候多少？什麼時候公司怎麼樣？有很多的統計資料。所以，我在研究英國教育的時候，這一本工具書非常好，這裡面我也提到 BBC 出版的，《英文名稱的發音》（*BBC Pronouncing Dictionary of British Names*），名稱就是人名、地名。如果你在研究英國的東西，如果他的人名，特別是地名，你不要隨便翻譯，不要望字生音，不要望這個字就生音。因為很多音不是照那個字唸的，比如說我隨便講一個地名 Leicester。如果你望字的話你會唸雷切斯特，ce 發音出來，事實上是雷斯特。比如說我們都很習慣的，什麼格林威治時間有沒有？它就是 Greenwich 對不對？是這樣翻譯的。事實上，你去查那個 w 沒有發音，是格林尼治，不是威治。等一下我會舉個大陸的學者把人名亂翻一通的例子，所以工具書非常重要。因為我有講稿，在這就不會什麼都講！

還有一本就是 Penguin 出版的，有關什麼地名的百科全書 “*The Penguin Encyclopedia of Places*”。我現在正在寫的《近代英國貧童學校及其運動》這一本書，這裡面常常地名很多，如果我要讓讀者更了解的時候，我會說是哪一郡的。這本書便會告訴你這個地名是屬於哪一郡，然後離哪一條河有多遠、離海邊幾公里？它不但告訴你，它屬於哪一郡，還告訴你有關它的地點與地理位置。所以我說這個工具書很好用，不是我厲害，是工具書厲害，所以我都會註在後面哪一郡、怎麼樣，這個就是託這個工具書的幫忙。

另外一個很重要的，就是比如說是地圖什麼的，還有一些圖畫，那個時候的圖，我想各位可以看，我的講稿第 11 頁〔PPT 省略〕，

我畫的這個地圖是什麼呢？是我畫的，是柏拉圖學習之旅的路途。他所謂的老師（因為雖然蘇格拉底說他沒有學生，但是大家都認為柏拉圖是蘇格拉底的學生），蘇格拉底在公元前 399 年被判死刑的時候，他就離開雅典。因為他對當時的寡頭政治、民主政治都非常失望，所以他就離開雅典，走到 Megara，到北非利比亞的地方，然後到埃及，再跑到義大利，又跑到 Syracuse 島。所以各位可以看他在那個年代，柏拉圖那個年代，公元前 399 年的時候，他就跑地中海一大圈了。然後他在這裡跟幾個數學家、哲學家討論哲學，到義大利 Tarentum 碰到了 Archytas，他非常欣賞的一個哲學家兼政治家，把國家城邦治理得很好。然後他又跑到南部來，差一點被暴君弄死，所以後來回到雅典。這個學習之旅，總共有十二年之久。這部分你用文字敘述也可以，但是我就把這個圖畫出來，讓讀者很清楚的了解。另外，各位可以看後面那一頁的上面這個圖〔PPT 省略〕，你知道古羅馬是怎樣修理學生的？各位用文字可以敘述，但是用圖，你一看就知道了，那個被修理的學生，手放在另外一個學生的肩膀上，另外一個學生把他的兩個腳抬起來，把他的褲子脫到一半，然後老師站在那邊用皮鞭打他的屁股，教育史有時候很多可以用圖來解釋。下面這個圖也是一樣〔PPT 省略〕，這個就是 Robert Owen，他在 New Lanark 的時候辦了一個幼兒學校，牆壁上他畫了很多動物，這個是什麼？因為那是幼兒，所以就比如說老虎、獅子，什麼動物，他就畫在這個牆壁上，彩色的，我去看過，然後老虎就是那一個。你說 Robert Owen 的教室多好、多好，那用這個圖，就可以了解他的教室，所以圖蒐集很多有一個好處。比如說像我的研究室，我特別請所長幫我製作，製作那麼大的 Pestalozzi，他是怎麼愛護兒童的，他跟他的女朋友，他的女朋友是接收他的好朋友的女朋友的，這個他到了 Neuhof 又開農場，租了一塊地，就是後來把一些孤兒找來旁邊教育他們。因為他的朋友臨

終前，要他幫忙照顧他的太太、他的女朋友，Pestalozzi 寫信告訴他朋友的女朋友說：「很抱歉，我跟你講真話，我愛這些孤兒比愛你還深」，他覺得這樣就完了。他朋友的女朋友寫信回他說：「我本來很敬佩你，現在更敬佩你了」，就跑到那邊跟他一起照顧孤兒。所以那個照片，一個抱著兒童，都是小朋友，這個圖片一目了然。你上教育史的時候，如果能找到適當的圖片，那麼讀者印象深刻，然後解釋也比較容易。

研究西方教育史面臨的困難，大家都知道，第一個是語言問題。因為西方教育史不是只有英國、美國、德國，還有法國。所以一個人，除非像楊深坑教授這樣懂得很多種語言。楊教授好厲害，阿坑哥真的厲害，他年紀這麼大，還在學拉丁文，這個命都剩半條，還要學拉丁文，他前一段還學法文，真的很厲害！他英文、德文都很好，古希臘文當然不用講。那還有我的指導教授，師大的趙雅博教授，因為他是神父，沒有太太，什麼都沒有，只有讀書。所以拉丁文是他必備的，然後他又懂得義大利文，又懂得西班牙文、德文、法文。他是東北人，又懂得日文，這個奇怪，真的很厲害！但是我們一般人是沒有辦法的，這是語言的問題。

我在寫《古希臘教育家》的時候，因為我不懂古希臘文，不像楊深坑一樣，所以我就用很多英文的翻譯本。比如說我這裡提到，單單《國家篇》，《國家篇》通常我們翻譯作《理想國》，我英文就蒐集了 14 種，中文 12 種。因為大部分都是大陸的，而大陸大部分都是根據古希臘文翻譯的，那你這樣看看看，有時候覺得很奇怪，怎麼這個跟那個不一樣，翻譯不太一樣。英文的，如果關鍵字的話，我就會去找古希臘文英文詞典。我有一本比較小的，如果還有問題，就看那本厚的希臘文—英文辭典。我這裡舉一個例子，比如說是我在閱讀 Protagoras 的文獻，在談到城邦建立的時候，那麼人類出生了、

人類具備了很多能力，但是缺乏政治智慧、政治技藝，所以眾神之神 Zeus，就請他的信使，法國名牌叫愛馬仕 Hermes，把政治智慧、政治技藝分配給人類。其中我這裡寫了兩個希臘字，我用英文唸 aidos 跟 dikē，那麼 dikē 大家沒有問題，就是通常都翻作 justice 正義。那 aidos 是很麻煩，我看的英文翻譯本，有的是翻譯成 sense of shame，sense of shame 就是恥感，羞恥的恥，羞恥心、恥感；還有一個有人翻作 respect 尊敬，相互尊敬、相互尊重，還有的翻譯作 reverence，就是尊敬，大陸常常會用尊敬的同志、尊敬的什麼，那英文也常常有 rev. 某某人。我就英文本翻譯的 "Protagoras" 《對話錄》，柏拉圖寫的，那到底是恥感，sense of shame 或者 respect，我就去查那個希臘文跟英文的辭典，結果這三個定義都有，我就恍然大悟，原來我翻譯《對話錄》的時候，是根據我的了解、我的理解、我的解釋，再看整個脈絡，有的翻譯作恥感、有的翻譯作相互尊重，這樣我就很放心了，兩個都可以。我這裡面提到一本，因為一個字 aretē，這個字在古希臘，這個字非常重要，在國內有一個學者，非常著名的學者，翻譯成教養，但是我的理解不是教養。事實上，我的理解是美德，後來我就去查，後面我有把它印出來，這個是根據那個小本的希臘文—英文辭典，這裡面你看了半天沒有教養，而有什麼呢？有善良、美德、超群、卓越、英勇、高貴、顯貴，但沒有教養。所以我可以判定國內這位學者翻譯可能有問題，我後來更了解在荷馬的《史詩》裡面，aretē 用得更多，比如說用在動物，這一匹馬 aretē，表示什麼？馬就是要跑得快，所以這匹馬跑得很快，就是用 aretē；還有刀很利，表示這支刀具備 aretē。所以這個字，在我這裡面提到，後面有一個就是 Homer，就荷馬的用法、柏拉圖的用法、悲劇劇作家 Euripides 的用法，還有古希臘史學家的用法，出現不同意義，但是不管是誰的用法，都沒有教養這兩個字的意思，所以這就幫我解決問題。因為你在

唸的時候，覺得怪怪，你就回去查。

我想有關語文的問題，我簡單這樣說明。另外一個就是什麼呢？史料的蒐集很麻煩，史料蒐集真的很麻煩。比如說大家都知道蒐集一手資料，那一手資料有兩種，一個是有出版的，比如說我正在寫英國貧童教育，這裡面這個很多，比如說 Andrew Bell 的著作，這個是他的著作，有出版這個都算一手的。那比較難的是什麼呢？手稿。手稿有時候是什麼呢？有的是他的日記、有的是他的信札、有的是他的旅行報告，那就很難蒐集了，手稿很難蒐集。比說我以前在寫蘭開斯特的時候，這個人很奇怪，四十歲離開英國跑到美國去，去就去了，把所有的手稿、書信什麼都帶走，然後放在兩個圖書館，一個在費城 Philadelphia 的圖書館，另外放在一個小鎮 Worcester 的圖書館，就放在這兩個圖書館。民國 63 到 65 年我在英國做研究，我利用中間的暑假，3 個月跑到美國去，泡在這兩個圖書館。在費城那個資料比較少，我就用兩個禮拜到三個禮拜，Worcester 我用了差不多兩個多月。在 Worcester，我就跟他交朋友，我們臺灣人很厲害，跟手稿部的主任，跟他多少熟悉一下，那都是很舊的東西，都一、兩百年前的東西，我挑了不到一百張，我說：「這個能不能影印？我不好影印，你們能不能幫我影印？」他說：「不要太多啦」，我說：「沒有，就是這幾十張，就影印。」然後剩下的呢？就製作一千多片的 microfilm，microfilm 很難讀，你知道嗎？我回到倫敦以後，在圖書館的 reader，背景是黑的、字體是白的，如果我眼睛壞了，就是因為被他害的，那蘭開斯特的手稿，請各位看最後一頁〔PPT 省略〕。這個就是手稿，我看了一千多頁，最初看不懂，例如看到 WD，結果看了半天原來是 Would 的縮寫。他寫 WD 是 Would 的意思，所以我就知道，寫 CD，我就知道 Could。所以看手稿，很辛苦。我想顧曉雲博士她有經驗，看手稿很辛苦的。

另外一手資料，比如說像什麼，也可以蒐集的，我現在寫的這個東西，比如是一些官方的調查報告，比如說 "*Newcastle Report*"；比如說是民間組織的，像 Manchester 統計學社的調查報告；還有一些一手資料，比如說學會，某某學會的那個年報，或者是某一個學會出版的雜誌，這都是一手資料；比如說當時的一些雜誌、當時的小說、當時的報紙。這個很好玩，我以前在寫蘭開斯特的時候，因爲蘭開斯特喜歡吹牛，說他到哪裡去演講，500 人把什麼教堂都擠滿；他又募了多少錢，幫助那個地方成立一個學校。我就好奇，我就跑到他裡面寫的一個地方去，想找當地的報紙，找不到。後來很幸運在大英圖書館找到，結果一看，那一天他在那裡沒有錯，募多少錢大概差不多，人數呢？不到 300 人，他說擠滿大概 500 人，這個沒有什麼重要，但是歷史研究就是這樣去追求真相。所以當時的報紙有時候也是要蒐集的。英國很好，大英博物館蒐集了很多地方的報紙。

　　我想史料，當然再來就是二手的史料，二手的比較好的就專書，再來就是一些博士論文、碩士論文，還有比如說一些期刊等。那麼相關書本後面的參考書目，都是讓你蒐集資料很好的依據。有的時候運氣好，你如果看書看得多，你就會找到，但是要靠運氣。我這裡面提到蒐集東西，如果能夠找到有「註」的那種書最好，因爲省得你自己去找，但是看註要小心，爲什麼呢？因爲有的註註錯了，我等一下會舉一個註錯的例子，那註很重要。我這裡引用大陸一個學者翻譯的，翻譯尼采的作品，就是最有名的《查拉圖斯特拉如是說》。我引用哪一句話，你看，你看你懂不懂，「十年來，你向我的山洞這裡升起：如果沒有我，沒有我的鷹和我的蛇，你會對你的光和行程感到厭倦吧！」你這樣讀下來，你就會發現怎麼冒出我的鷹、我的蛇，如果沒有註的話，你就看不懂。這裡他就把它註出來了，鷹代表什麼呢？高傲，蛇代表智慧，這個就是說我們如果能找到那個有註的，就能看得

懂。我這裡面隨便舉了六本書，這裡都註得很不錯，但是可遇不可求，不是每一本書都會註，而且註常常有錯誤，這個就要小心。

出路這個不用談，沒有出路。因為我當時在教育部公費留考，我常常當委員，我就建議要有教育史的名額，所以有一次兩年還三年都有教育史，教育史出去好辛苦，回來很難找到工作，為什麼很難找到工作呢？臺灣很多教育系都沒有教育史的老師，師培中心更不開教育史，你哪裡有辦法？對不對？連師培都不開，教育系也不開。你看現在臺灣研究教育史的，不是教，教還容易，你一本書就可以教了，中文看懂就可以教！真正研究教育史的，師大教育系比較有名的就是周愚文，周教授，比較稍微年輕一點的，臺北市立大學鄭玉卿。跟玉卿差不多的，就是現在清華大學的彭煥勝，還有貴所顧曉雲，這些真正研究教育史的。其他從北到南、從東到西，退休就不再聘了。像東華大學吳家瑩一退休，就沒有教育史了。還有一個很大的問題，臺灣助理教授一週要上九節課，九節課你哪裡有辦法上教育史？你要配課，配課就影響你教育史的研究，那好不容易一個公費回來的仁傑，跑到臺灣體育大學的師培中心，教什麼？什麼都教，因為你教育博士，所以什麼都教，哪裡有時間研究教育史？所以第一個沒有出路，再來就是有出路的話，也很難發揮自己的專長，所以就這樣，我運氣比較好，因為年紀比較大，在師大可以開很多課。

廣泛的常識跟知識，我裡面有舉一、兩個例子。第一個，我現在眼睛不好，如果不對就跳過去，國內有一個著名的學者，他寫了一篇文章，他說柏拉圖的的著作 "Phaedo"。他說我們一直說孔子有教無類，但是孔子的學生沒有女孩子，他說蘇格拉底很厲害，他有收女學生。他就舉了《對話錄》裡的 "Phaedo" 說，蘇格拉底有一位學生 Cebes，C-e-b-e-s 他說蘇格拉底收了一個女生。第一，蘇格拉底他自己講，他從來沒有收過學生，他沒有學生，只要有人喜歡跟他討論、

聽他講話，或者跟他討論，要提問題，他都會回答。他都在哪裡？在體育場、在市集、市場，或者在朋友家裡，他說他沒有學生的。Cebes 呢？根本不是女孩子，是男生，所以他望文生義，以為 Cebes 就是女孩子。事實上他是男的。你看如果你常識不夠，就容易弄錯。如果你們寫東西，因為這個學者非常有名，你就把他說的當真，認為孔子雖然有教無類但沒有教過女生，但是人家西方蘇格拉底就有。沒有！那個是男孩子。我特別為了這個提出來，蘇格拉底跟三個女人有關係，第一個就是 Diotima，是一個女預言家，就在《對話錄》"*Symposium*" 裡面跟他討論愛的哲學，所以很多人在談柏拉圖的「教育愛」，事實上是從這個《對話錄》出來的。這位不是蘇格拉底的學生，而是他的老師。還有一個 Aspasia，這個也是厲害的，這個人是從小由希臘過來的，後來就變成締造雅典黃金時期 Pericles 的情人，說她是情人，形容得非常好，聽說他陣亡將士的演講，便是由她修改的，她教過蘇格拉底修辭學，又是蘇格拉底的老師。另外，還有一個就是我寫的這個交際花 Theodote，這個交際花，長得很漂亮、很有知識，很多有頭有臉的人都會去找她談話，甚至有很多藝術家要畫她的畫像，因為長得漂亮，就跟蘇格拉底講：「我們雅典有一個很漂亮的女孩子，叫做 Theodote，要不要去看她？」蘇格拉底說：「好啊，去看看」，結果那個女交際花就跟他抱怨說：「哎呀，我原來朋友好多好多，現在年紀老了」，用國語說是「人老珠黃」，「所以我的朋友越來越少，那我要怎麼樣才能交到更多的朋友？」蘇格拉底跟她講說：「你的外表很好，但是如果你心是善良的，越老會越漂亮」，這樣也不算是他的學生，只有談過一次話，而且他自己說沒有。所以後來我又在這裡面寫了真正有女學生的是柏拉圖，有兩個。最重要的是 Axiothea，我有寫在文章裡面，這個很重要，為什麼呢？因為她住很遠的地方，但是她有讀到柏拉圖的《國家篇》，這裡面主張男女教育

機會均等，她很欣賞。柏拉圖就是在雅典的西北方，這個 Academy 設了一個學園，她就女扮男裝，所以我們東方有花木蘭從軍，西方有 Axiothea 女扮男裝到 Academy 去讀書，後來被發現她是女扮男裝，她還繼續讀下去，而且還推薦她一個朋友去參加，所以真正有女學生的是柏拉圖，不是蘇格拉底，這個是我第一個談及的。所以要有廣泛的常識，可能這個還不算知識。

我再舉個例子，同一個學者說，John Locke 在大英博物館看到一雙中國的女鞋「三寸金蓮」，大驚失色。這個也是有問題，因為我以前在倫敦，每天都到那裡看書。事實上，各位要知道 Locke 是 1704 年死掉的，55 年後才有大英博物館，哪裡看得到呢？看不到的。但是這位教授從哪裡看到的？是從 John Locke 的教育著作 "*Some Thoughts Concerning Education*"，我們翻作《教育漫話》。這一本書是 1693 年出版的，這裡面的第 12 節就提到這一件，各位知道，John Locke 是醫生，所以在這書裡面就提到這一個事件，說他看到這一雙鞋子，這個非常的小，比英國的小女孩穿的還要小。然後說這個中國的女孩子身體嬌小，壽命很短，是有原因的。因為從小把腳纏得很緊，阻礙血液的流通，所以她的發育不好、健康不好，才導致她的短命跟嬌小。Locke 用了一個字是 unreasonable，無理的、不合理性的、不合道理的去纏她的腳，他最重只用了這個字 unreasonable。這學者的說法就引起我的興趣了，1704 年 Locke 死掉，大英博物館 55 年後才有，說他在大英博物館看到！到底他在哪裡看到？這引起我的好奇！這事實上也不是很重要，但我就想到我的書架裡面有 4、5 本 Locke 的傳記，後來眼睛一亮，看到我蒐集了一本 John Locke《哲學家與醫生》，我就把這本拿出來，然後翻 index，看 index 中有沒有中國，結果一看到，我的眼睛馬上就亮起來了，很快翻到 index 那一頁。原來是 1684 年 4 月 2 號，Locke 去拜訪剛從日本回英國的 Breman 先生，Breman 先生在他家裡給 Locke 看這一雙鞋子，我這裡面寫的很詳細，各位可以看看。內容寫得更詳細，我這裡面有把它翻譯，完全翻譯出來，他還有告訴你幾吋，還有造型是怎樣的，然後還告訴你這個是用什麼質料的材料做的，然後同樣說因為纏這個腳，血液不通、短命、身體不好、不健康、長不大，所以他沒有大驚失色。所以我很感謝他，讓我經過查閱終於了解，原來就是在這一個時候到他朋友家裡去看的，那麼這個恐怕就涉及知識，不是常識而已。

我再舉一個例子。有一篇文章是外國人寫的，這個 Bigler 是不是？他寫過一篇文章，這裡面短短一句話，幾乎都錯，所以不要以為洋人就很厲害，這是錯的。第一個就是人名錯字，誤植人名，再來一個就是時間不對，什麼 1805？是 1814。再來，是這個協會的創立者不是他們自己，是他的支持者創立的，所以我就把它重新翻譯，用中文翻譯。你看時間搞錯了、人名搞錯了。文章中說那個 National Society 是 Andrew Bell 在 1811 年設的。這個 National Society 不是 Andrew Bell 設的，是他的支持者設的；再來就是 Lancaster，這個「大英及海外學校協會」是在 1814 由他的贊助者設立的，所以短短一句話竟然全錯，所以如果有人就這樣引用的話，那就完了，就整個錯了。再來，說說我用那個 Russell 的那本書。我用的那一本書有註，註解錯了，他最主要是在註 Russell《教育論》的這本書，裡面有提到三個人。三個主角，一個是 Tom Brown，一個就是 Robinson，一個就是 Jones。這裡面第一個 Tom Brown，他的作者搞錯了，他把他搞成 Dean Stanley，不是，後面那個引用才是對的。然後那個 Jones，他不曉得，他就找不到，翻譯的作者找不到，結果我就幫他找到，就是作者 Henry Fielding，我幫他找到，就是那個棄兒，被放棄的兒童 Jones 的這個故事。後面又提到，就是說他的作者，後來是後面第 20 幾頁就對了，作者是對的。各位知道 *Tom Brown's School Days* 這一

本書非常好，如果你要研究英國公學，尤其是 Arnold 跟 Robins 公學的話，這本書非常好，小說就是描寫他在學校的生活，但他的作者，真正的作者在後面有寫，這個是對的 Thomas，但是大陸這個學者把 Thomas Hughes 翻譯作「哈齊士」，H-u-g，對，h-e-s，那個唸錯了，H-u-g-h-e-s，那個應該唸「hjuz」，不能翻作「哈齊士」。所以我告訴各位就是說，你要翻譯那個人名的時候，最好不要望音，那完蛋了。還有這裡他要註解，也沒有註的乾乾脆脆，比如說 Dean Stanley，他的名字是 Arthur Stanley，跟永豐教授同樣的 Arthur Stanley。他用 Dean Stanley，Dean Stanley 他就翻譯不出來，為什麼呢？因為他沒有去查。Dean 有很多意思，因為這個人也是 Rugby 畢業的，很傑出的校友，他當過西敏寺大教堂的教士，教寺會的會長，所以翻作「教長」或者「祭司長」，Dean 他就沒有翻譯出來，好在他沒有翻作「D. N. Stanley」，這樣就完蛋了，所以要小心。

那後面談我自己，我在寫《近代英國貧童學校及其運動》，緒論裡面有引用了 Horace Mann 所寫的一本書就是 *"Education in Great Britain"*，英國的（大不列顛的）教育，我們學教育的人，如果稍微知道美國教育，就會知道 Horace Mann，非常有名的教育家。他曾經到過英國跟歐洲考察教育，所以我在寫文章的時候說：「美國著名教育家 Horace Mann」後面括號什麼時候出生，然後死掉，然後在英國考察教育寫了一本書叫做什麼。因為這裡面寫了很多貧童教育，結果我遍找了許多地方，我這個書是印的，他們幫我找出來，啊！Horace Mann 是作者沒有錯，但是我要彭煥勝去找，他有全集，結果他找不到這本書。後來很巧的，現在在國北教書的黃瑄怡博士，她就有一次印這本書的時候，在 download 下來之後，她說：「老師，有一篇介紹他的文章，你要不要看？」我一看之後，真要命，根本是同名，是英國一個 28 歲的年輕律師。所以我就改寫出來寫在後面，英國戶籍

總署的 Graham，他主持教育普查，然後就派 Horace Mann，28 歲年輕的律師實際去執行這個工作。如果黃瑄怡沒有剛好找到這篇文章，我一寫出來，我告訴各位，大概沒有人知道錯！可能沒有人知道！因為沒有人吃飽那麼閒開會去查的。所以有時候靠運氣！靠運氣，這是我自己的問題，不是我不會犯錯，常常錯。錯的如果能改還好，即時改過來。這裡我有一個結論，這個就是我的一些感想。當然，發現他人的錯誤容易，而我自己的謬誤可能更多，批評人家容易，人家講的一個指頭指別人，四個在指自己。

後面我要說一定要仔細讀文本，這個真的重要。各位如果你們在寫東西，盡可能看原典，如果你看別人翻譯的，或者別人寫的東西，你要細心。我這裡舉的例子，國內一個很有名的教育史學者，他翻譯了一句話，翻譯成中文，這個我有打出來：「如布偶般的嚐一嚐血液」。各位看一看這句話有沒有問題，布偶，布袋戲偶嚐一嚐血液，有沒有覺得怪怪的？這個嚐一嚐血液英文是「taste blood」，就是去獵殺動物，嚐一嚐牠的味道，後來我去查原書，結果是什麼呢？「puppies」他翻譯看作「puppets」，「puppies」是狗、小狗，小狗嚐一嚐血有道理，布偶跟 puppies 就差這麼一個字。後面又有一句，這個人種的發展像蛇步一樣緩慢。蛇步，蛇是不是用步，那個是另外一回事，但是蛇速度是慢嗎？你們有沒有看過蛇在爬很快？後來我去查原書，他把「snail」看作「snake」，如果是蝸牛就真的慢，所以各位就可以知道，我舉的這個例子就是提醒大家要小心。

然後，我又舉了 Freeman 出版的一本英文書 "*Schools of Hellas*"，《希臘的學校》，大陸一個學者翻譯一句話也是錯誤連篇。他自己把古希臘文翻譯成英文，事實上我有參考兩本英文的翻譯本，結果發現不是這樣。比如說，這裡面有一句話，他的翻譯是這個「genealogies of men and heroes, foundations of cities, and archaeology generally」，

若看翻譯的，事實上我參考其他很多本翻譯。大陸學者的翻譯，你一看中文就覺得很奇怪，比如說他翻譯成什麼呢？「男人和英雄的家譜，築城學和考古」，那我就提出來有幾個字有問題。那個 Men 跟英雄這個概念重疊了，男人跟英雄概念重疊了，英雄是武的，是很會打仗的。但是 Men，你翻作男人跟英雄有重疊的，後來我去查一查，就是傑出人物，註：名人，名人就不一定是武士。然後「築城學」很奇怪，後來我也看其他的書，結果就是「城邦」，這個開始建造的故事，你看，那就差很多。再來「考古學」，事實上，其他翻譯是全部古代的歷史，所以你一看覺得奇怪，你就要去查。

這裡面我也作一個簡單的結論。我說學者的無心失誤是我最好的教育，教導我步步謹慎，在做研究的時候要步步謹慎，不要操之過急，因為很多都是操之過急。還有一件最難的，臺灣一位很有名的教育家也寫了一句，就是 1802 年 4 月托利黨首相皮爾 Robert Peel Senior（1788-1850），提出了《學校健康與道德法案》等等。各位看一看，這句話有沒有問題？Robert Peel，你看他什麼時候出生的？然後提出法案他幾歲，對不對？有沒有問題？他是不是十四歲就當宰相，就提出這個法案？又不是中國的甘羅，七歲做宰相，我跟你說，這就是研究很麻煩的地方。Robert Peel 的父親跟兒子同名，這個當宰相的是兒子，提出這個法案的是他的老爸，他老爸是國會議員，是那個工廠的廠主，那我也把他爸爸的出生年月日寫出來了，Senior 是他的爸爸，不是他。這個是國內一個很有名學者的一本著作裡面的，我改天會跟他講。因為始終沒有碰到他，要他再版的時候修改，但是臺灣寫教育史要再版很難，一版就賣不出去了。

第七個，讀其書先知其人。這邊我提到三件事情。第一個，研究教育史越古代，史料越難找。所以常常史家用他理性的推論、感性的想像，然後好像在湊拼圖一樣，有一個圖，你再把現有的史料把它拼

上去、貼上去。好幾塊空的，至少目前還找不到，找不到的時候，或者永遠找不到，這個空的你要補進去，你就要用想像，所以這個是不是真正的史實？有時候你的想像推論可能會正確，也可能是有問題的，這個是第一個。第二個比較麻煩，每個人都有所見，也有所蔽，但是最怕的是，因為所見就是你有固定的想法，然後那麼多的史料，你專找喜歡的史料，不合你的先見、定見的史料，你就把它丟棄，裝作沒有看到。然後史料一大堆，你就去找支持你看法的，都是這樣的，根據你對歷史的預想找資料，都是這樣的。事實上很多被你丟掉的，是跟你意見不一樣的。就是比如說，多少年後研究臺灣師範教育當初公費，現在沒有公費，那以前就臺灣剛光復的時候，臺灣窮得要命，很多農村有許多貧窮的子弟沒有辦法讀書，所以有師範學校，他們初中畢業就去上免費的，吃的也不要錢、穿的也不要錢、住的不要錢，然後老師又希望一流的學生來當老師，就是為了讓貧窮的子弟可以從事教育工作，而且教育工作需要一流的子弟來做事，這是一種解釋。另外一個解釋很簡單，就是國家要控制思想，你看把你關在學校裡面，早上要睡在學校，早點名、晚點名，教官又是怎麼樣。一件事實，事實是公費培養老師，但是每個人根據他所見、所想、他的定見去解釋這件事情。

比如說我再舉一個例子，現在最敏感的。五十年後、一百年後再談這個管中閔的案子。你要根據這個《自由時報》，還是要根據《中國時報》，根據哪一個報紙？還是你要根據教育部給臺大的八道金牌，或者根據臺大的校務會議跟臨時校務會議，或者校教評會的決議，或者是跨部會的會議紀錄？你將來要寫這段教育史，到底你要根據什麼？那很簡單，我有我的定見，我就是挑我要看的把它寫出來，你就是這樣。我以前在倫敦的時候，常常跑到亞非學院去，看什麼呢？西安事變，大陸也有在寫；後來跑到臺灣的人也有人在寫，兩邊

看來不曉得誰對誰錯，對不對？還有會議紀錄也是很好玩，都只有結論，就像我們等一下開會，都只有結論。討論過程你有什麼意見都不會在裡面，臺大的校務會議，臨時委員會的論辯都沒有在紀錄裡面，只有結論，所以歷史研究有時候就是常常會受自己先入為主的觀念去主導。

再來就是我有提到的另外一點，就是你要讀這個書，要認識這個人，尤其要知道他的政治、他的哲學，還有他的宗教等其他的背景。如果你知道他的背景，你看他的書，你就知道他的字裡行間潛在的、顯著的，被他隱藏的東西。再來我就舉到我的老師 Aldrich 是自由黨，Brian Simon，一個英國教育史家，他是共產黨的。所以你去看他們兩個人的書要知道立場。我這裡面寫到 Isocrates，他是大希臘主義的，要把全希臘變成一個國家，對不對？Xenophon 他是崇拜斯巴達的，把兒子送到斯巴達去當兵。所以每一個人有他自己宗教的、政治的、還有倫理學的性善、性惡的意識型態。你要知道這個人的背景，那更能了解他寫出來的觀點。最怕的是什麼呢？像我一樣沒有觀點的，你也不曉得他到底是有沒有定見的。

最後，我來提到我現在在寫的這本書的一些寫法。我第一個先談本書的分章，大概是八章，真正的內容是七章，結論不算，結論可以用結語，為什麼？結語比較短，結論要寫很多，這裡面總共有七章。我目前只有完成三章，我希望兩、三年後能夠全部寫完。蘭開斯特我就不寫，因為我有一本專書了，再來就是背景知識涉及社會的、經濟的、宗教的、文化的，我這裡面會提到勞工集中的地區，就是貧民區。他居住的環境，他工作的辛勞，他一天要工作十六小時、十幾小時。然後提到他的居住環境非常惡劣，他的工資非常的少，由哪裡我發現他的工資少，他們那個時候的物價有多少、怎麼樣，我有提到這個問題。

還有會提到什麼呢？因為我是寫貧童學校，所以我會介紹童工的事情。童工最主要可以分兩個：學徒、童工。一個就是紗廠、棉花工廠的兒童，我也會提到清理煙囪的兒童。產業革命之後，煙囪林立，就要清理煙囪。還有他們的文化，文化我用什麼，用識字率、文盲率。還要再講個故事，文盲率的計算很好玩，你現在要研究十八世紀、十九世紀的識字率、文盲率，你要怎麼研究？又不能拿現在去測驗死掉的人對不對？用什麼呢？英國大部分都是英國國教，絕大部分。那麼你結婚要到教會裡面去寫登記簿，登記什麼？簽名。我跟你結婚，我簽名，你也簽名，對不對？那去研究什麼呢？哪一段時間到哪一段時間有多少的人結婚，結婚裡面那個有簽名的，你識字就有簽名，不會識字就怎麼樣？畫押（X）。但是這裡面有問題，根據研究，男的識字率會膨脹一點、會高估一點；女的識字率會低估一點，為什麼？很好玩，這個當新郎畫押的時候，新娘不敢簽名，即使識字，她也畫押。這個也不準，為什麼會高估呢？因為這個教會的神職人員，不喜歡他這個教區裡面文盲太多，所以會教新郎，我先教你寫你的名字，寫到會寫，你再來簽，簽完以後第二天他忘記，因為他不識字；還有更嚴重的，就是什麼呢？神職人員壓著新郎的手，這樣壓著他這樣寫。這個還不錯了，更糟糕的是，這個神職人員幫他簽，所以新郎的識字率是高估。新娘為什麼低估？就是因為老公，他的新郎是畫押，她就不敢簽名，就畫押。畫押，研究又發現新娘的畫押怎麼畫？各位知道，你若是那種不會拿筆的，舉筆千斤重對不對？那現在筆拿著，你如果看女生畫押，新娘，這樣流暢就是識字的，如果筆畫是吃力、不順的，就是不識字的。但是我當時為了寫我的博士論文，我曾去一個教區，說拜託，你給我看一些就好，畫押實在看不出是很用力，還是很流暢的。很明顯的，你可以看得出來，但是有的實在看不太出來，所以我不曉得那個時候是怎麼處理的，我是順便告訴各位

研究方法，反正很有趣就對了！

然後這裡面我提到工具書，這個文獻。工具書我這裡前面有提到，但是我特別要講第三本，我的指導老師 Aldrich，我的導師跟另外一個 Peter Gordon 所編的《英國教育家辭典》。這個有什麼好處呢？不是他介紹的好處，這一本書常常他後面列出很好的參考書目。所以我在寫第七章 John Pounds 的時候，寫街童學校的時候，我找不到 John Pounds 的參考資料。後來運氣很好，就是在這一個辭典裡面開了三本他的傳記。因為他沒有著作，他是修理皮鞋的，在海口、港邊修理那個皮鞋的，看到那一些流浪街頭的小孩子，便讓他們到家裡來，教他們識字，他一邊修皮鞋、一邊教識字，你們可以看，這個最後一頁第 15 頁這一張圖〔PPT 省略〕，就是 John Pounds 在他的鞋店裡面，教小朋友唸書。我要特別提到第八本，第八本大陸學者主編的這一本《21 世紀大英漢辭典》，我為什麼要特別提到呢？因為我在寫 Andrew Bell 的時候，這個 Andrew Bell 是蘇格蘭人，所以他的著作裡面常常有出現蘇格蘭的字。這一本有，大部分都有，這本大辭典對於我寫 Andrew Bell 時，一些特別的字幫助很大，所以我特別提到這一點。

參考書我這裡面就提了很多，這裡面提到比較特別的就是遊記，比如說傳記、回憶錄、詩歌、小說、遊記，特別是遊記。中國有《老殘遊記》對不對？這裡面有遊記。我第一本提到的就是 Defoe，他是寫《魯賓遜漂流記》的那位作者，他有寫遊記，寫了三本。這個年代請各位改一下，這個不是改，是增加 1724-1726，因為他有三本，英格蘭、威爾斯，第三本是蘇格蘭，所以它是遊記。第二本很重要的是 Arthur Young，他也是 1768-1770。它重要在哪裡？他的遊記是到各個地區然後寫下，記錄那一邊的工廠的情況、農業的情況、他們的工資所得、他們的什麼東西。所以你要研究那個年代的產業革命，或

者早期或者這個的時候，對於英國的經濟和社會的狀況，這個是又生動、又是作者自己親身的考察。所以你不要只有蒐集教育文獻，那個是很 boring，只有教育文獻很無聊。我在寫 Dame School 的時候用了很多的小說，特別是 Charles Dickens 的。Dickens 你們比較知道的，《雙城記》是不是？他寫了二、三十部的小說，絕大部分都跟學校有關係，這裡面他寫了很多很好玩的東西。還有詩詞，我後面有引用。有詩詞、回憶錄這個最好讀了，所以你要讓你的教育史寫得有聲有色，不要只有讀教育文獻，應該多讀他的傳記，還有讀一些其他的相關著作，那這樣的話引用起來就會更活潑。

　　寫論文，一個論文有小題目—子題，在我那個年代很制式，比如說像我寫 Froebel、我的朋友寫 Pestalozzi，另外還有寫 Russell，有的寫 Whitehead，都怎麼樣寫呢？制式，我那個年代，你們現在不會了。緒論，某某教育家的生平，他的教育哲學理論基礎就是哲學，然後他的教育思想，目的、課程、教學、還有什麼很多，然後再批評，然後結論。幾乎社會學、教育家都是這樣的順序。但我這裡提到，越長大後就不是這樣，你應該把他全部的東西看完，然後你再去想他的子題，不要讓人覺得好像在帶入公式一樣，這個是第一個。第二個，我再舉我寫 Dame School「婦媼學校」，Dame School 這裡面我除了用官方的調查報告，跟民間機構的調查報告，我用了自傳或者回憶錄、還有他的詩歌、還有用了小說，每一樣都按照他的時間、作者的先後年代這樣安排下來。這個比較簡單，大家都知道。接下來，這個就很重要，不要只有骨架，也要有血肉；不要只是抽象的描述，也要有具體的事實。我這裡舉了一個例子，就是說當時英國的童工，吃得不好，然後量又少，餓得要命、半飢半餓。我就寫了一個回憶錄，一個 Blincoe 的回憶錄，你看它裡面，他在 Litton 的棉紗工廠裡面發生這麼一段故事。這個豬如果餓的話會叫，然後廚工就會把牠清

洗一下子，把牠安撫一下子。如果人餓了在叫的話，就會被罵一頓。吃的也不一樣，他們吃什麼呢？我這裡沒有寫，別的地方有寫，他們吃什麼呢？發酸的牛奶燕麥粥，牛奶燕麥粥不錯，但是很可惜是發酸的。還有什麼呢？很差的黑色裸麥麵包，吃這樣，然後吃不飽、量又少，然後豬吃得肥肥胖胖的，為什麼呢？牠們有肉丸子可以吃。所以每當廚工把肉丸子飼料要倒進去的時候，等那些廚工回去了，養豬的回去了，這些 Blincoe 還有他的朋友便趕快跑出來，然後手伸到豬欄裡面，把那些肉丸撈出來，然後他們分著吃。豬吃的東西，人把它拿來吃。小孩，餓得要死，豬吃這麼好，我們卻吃那個。這裡面作者提到，人家說豬是最笨的，牠哪裡笨？後來豬學會了，當這些小朋友要來搶牠們吃的東西的時候，牠就會大聲叫，那個廚工聽到豬大聲叫，拿著皮鞭跑出來，那些小孩子就趕快溜走。這裡面就是很辛酸的一件事情，說是這個餓童跟肥豬搶食的情況，所以如果你說他們飯吃得很壞、很餓、怎麼樣都難以理解，如果你把這一段寫在你的教育史裡面，就很具體，有血有肉。

　　我後面又有一個很重要的，就是平衡的報導。平衡的報導就是要消除我剛剛所說的，人皆有所見、先入為主的這個觀點。如果你某一個有先入為主的、某一個意識型態的，就會說產業革命時期，都是虐待童工，如果某些意識型態的人都亂講，很多人就很關心童工。那好就舉例，我就舉那個虐待的，Litton 這個工廠裡面的那個廠主跟一些工頭，虐待小孩子、童工很厲害，紗廠其中有一個，你違規或者是工作不認真，抓來嘴巴張開，用銼刀你知道嗎？用力的銼他的牙齒，然後告訴他：「這樣為了你好，你晚上吃東西比較方便」，還這樣開玩笑，這樣的諷刺。你看拿銼刀把嘴巴強力弄開，用力一直銼他的牙齒這樣，還有沒有其他的懲罰？多啦。我這裡只有舉一個例子，我在文章裡面寫了七、八種，還有他打那個童工怎麼打的呢？不是這樣打，

因為打他會跑掉，把你關在一個小籠子裡面，這樣打，你跑不掉了。

　　我又舉了 David Dale 的例子，在 New Lanark 蘇格蘭一個工廠，他有四個工廠，他就對那個童工非常好，怎麼好法呢？吃得好、住得好，然後那個工廠空氣流通，更重要的是這個，吃完晚飯之後幹什麼呢？請老師、蓋教室，晚上上課，教他們讀書、識字，這個就是好的廠主。這個廠主更好，有一次他那個工廠，四個工廠有一座被火災燒掉，250 個工人都掉眼淚，沒有工作了。後來老闆 Dale 知道這個事情，就從曼徹斯特趕回 New Lanark，然後在學校蓋大的教室，把他們 250 個工人都請來，然後告訴他們：「你們以前幫我的忙，讓我賺了很多錢，這是我回饋你們的時候，我會讓你們工作，做一些掃地什麼雜的事情，同樣給你們一樣多的工資，好好的照顧你的孩子，等到工廠蓋起來，你們繼續在工廠工作。」這個就是好的老闆。平衡報導，那這樣你要怎麼做結論呢？我的結論就是這樣，因為在我的資料裡面，還有國會的特別委員會的調查報告，還有民間的報告。據我所蒐集的資料，絕大部分都是惡老闆，很少有好的，像這樣好的老闆，我蒐集到的個案大概只有兩、三個，所以我的結論不是說都是惡的或是好的，絕大部分是虐待童工的老闆，但是有極為少數善待童工的。比方說清理煙囪的小孩子最可憐，他們是從孤兒院、濟貧院找來的，為什麼？因為爬煙囪要瘦小，這些小朋友都很瘦小，因為又餓得要命，教會救濟他們錢又少，所以他們清理煙囪的師傅，那個老闆，專門去找又瘦又小的那些小孩。

　　還有更嚴重的，比方說我家裡很窮，我孩子要賣，賣給那個清煙囪的，就帶著孩子沿街叫賣，就給人家在那裡像是出價一樣，看誰出較貴的錢，但是越瘦越小，價錢越好。然後清理煙囪怎麼清？好的老闆是你上去清理，下來我給你糖果吃。還有，如果你很辛苦，上不上去，你就唱聖歌，這樣神就給你勇氣，你就會往上爬，這是比較好

的。比較差的，你爬不上去，用針刺你的腳，用針刺你，這個還算好的。最糟糕的是他們爬到那裡爬不上去，他就在底下給你生火，火就往上對不對？大部分就這樣掉下來，不是受傷、殘廢，就是死掉，這就是童工。所以我為什麼要寫童工的貧童學校，我很關心貧童，因為我原來家裡很窮，所以我寫的都是偏重這一方面的，所以就是要平衡報導，而且不是只有抽象的描述，或者是只有一個骨架。具體的事實，有血有肉，這樣的感受，感同身受。

我這裡面提到婦嫗學校，我舉了 Shenstone 的一首詩，也提到 Crabbe 的一首詩，這兩首詩對婦嫗學校的描述就不同。你看一個很好，那個老太婆……自己可以唸啦！我國語不好，常常唸錯音，只有婦嫗學校唸對，不是婦「溫」學校。這個兩首詩並排，你就可以發現，同樣的婦嫗學校、同樣的老太婆，但是有的就讓人家稱讚，有的就讓人家一直有很惡劣的印象。我在這篇文章婦嫗學校裡運用了五、六個詩人，是當時的詩人對自己所唸的婦嫗學校的回憶，寫在他的詩歌裡面。這個就是要平衡的報導，所以我也不是只有講空頭話，也把例子舉出來，讓各位可以感受到。

這個剛剛我提到比較惡劣的老闆，給吃的就是藍色的、變酸的那種牛奶燕麥粥，還有黑色的裸麥麵包，裸麥對他們來說是很糟糕的麵包，但是 David Dale 他們給童工吃的是什麼？夏天是新鮮牛肉，冬天是蘇格蘭盛產的魚，還有什麼？馬鈴薯，還有什麼？還有淡味的麥酒，還有什麼？麵包不是黑色裸麥麵包，是大麥麵包。所以你看不同的工廠的廠主，提供給小孩子吃的東西就非常的不同。我最後舉了一些……。對，後面大概就會知道，整篇論文應該注意邏輯的一貫性，不要前後矛盾，我想這個很簡單，不是只有寫教育思想史、教育史如此，其他的論文也是一模一樣，當然前後是不能矛盾的。這個很好玩，以前我在指導學生，已經好久沒有指導過學生，因為太老，很多

學生怎麼講呢？研究的結果是這樣，結果建議呢？奇怪，跟研究結果都無關。有一個學生研究潛在課程，結果他的建議是說：「校長要用遴選的」，我說你研究結果沒有這一點，你怎麼忽然間會跑出這個出來？你就讓人家覺得前後矛盾，或者這樣要有一貫性。任何研究都是一樣的，就是從你的待答問題或者是研究假設，整個下來就是要一貫性。

我就舉出一些可以做研究的例子，比較非傳統的題目。第一個就是烏托邦的教育觀點。烏托邦，我舉了幾個烏托邦的，事實上最早的烏托邦教育理念就是柏拉圖，就是柏拉圖他的共產思想。比較後面一點當然不是柏拉圖的，這裡面我提了四個人，值得研究的烏托邦教育觀念。第二個文學家的教育理念，這個比較有興趣，因為你所讀的都是小說或是其他的文章，不是硬梆梆的教育文獻，洛克的什麼的。當然盧梭的《愛彌兒》很好讀，你要讀盧梭《愛彌兒》之前，就好好讀他的《懺悔錄》，看盧梭的孩童時期有多調皮，看到成熟的這個婦女就是很愛慕什麼的。但是他的《愛彌兒》是很好讀的，讀起來很感性的。我這裡寫的 Milton，是英國的詩人，比如說是 Dickens，我剛剛講過他二十幾部的小說絕大部分都涉及學校，他的學校在倫敦還有一所是什麼你知道嗎？「三隻手」學校，「扒手」學校，還有這個學校，也有街童學校，也有導生學校。他也提到很多種學校，有提到很多種慈善學校。所以 Dickens 的著作裡面二十幾本的小說，很多都提到學校，所以研究 Dickens 教育理念的還有不少人，那臺灣大概不會有人研究。不過你現在做研究很簡單，大陸哪一個出版社全集都出版，但是讀要小心，我講過的，大陸現在稍微好一點，以前翻譯真的……。我講稿的裡面提了很多，錯誤太多！我講一個笑話，有一次我在臺北市立大學，因為兩岸四地的教育史研討會，我就在批評一個人時，結果那個人就在開會，就在那裡面，散會以後他說：「黃老師，

我就是某某人。」因為我不知道他在那邊。我沒有講名字，像我今天都沒有指誰，都沒有講名字。事實上，我在講演時講國內學者的時候，有一次他也在場。因為他在場，我現場就把那一個例子拿掉，但是我的講稿裡面有。結束以後他說：「光雄兄，你這個是在講我是不是？」我說：「大概是吧」，所以這個我不敢寫名字，因為都是好朋友，尤其在臺灣，都是好朋友。

　　現在我在寫英國的貧童教育，現在寫的都只有一章。事實上，這個每一章都可以當一個題目，不管是碩士論文、博士論文，尤其博士論文，為什麼呢？因為儘量要用英文的東西，儘量用英語的。因為如果博士論文再用其他人翻譯的，好像很辛苦，如果你寫美國跟英國的時候，因為都是英文，就不需要再用有翻譯的了。這裡面我剛剛提到，我所寫的除了蘭開斯特，你們可以不寫，因為我已經寫了一本書，因為寫得比我好，這樣我就沒有面子，你們不會那麼傻，跑到美國去圖書館找那些手稿，那後面的手稿你們看就知道不敢再讀下去，很難唸的！這個是每一章，我的每一章都可以當作一篇論文，所以我才說可以研究，資料都容易找到，幾乎我都已經有了。

　　再來這是什麼呢？新學校運動。歐洲跟美國大概在本世紀初葉的時候就有那個新學校運動，甚至於是十九世紀末葉很後面，二十世紀初葉，不管歐洲或美國，有很多所謂的新學校，這裡面就是 New School。他有成立一個聯盟，我舉了幾個人，第一個是英國的、第二個是英國、第三個是美國的，再來 Neill 這個很有名，A. S. Neill 與夏山學校。各位，這個夏山學校，以前我指導一個學生盧美貴，她寫了這個，但是她那個時候的資料並不是非常齊全，現在容易齊全，為什麼？現在你可以從那個網路書店幾乎都可以買到，盧美貴那時候用的書並沒有那麼齊全，現在幾乎 Neill 的著作，你們只有知道《夏山學校》一本，事實上很多，十幾本，所以現在可以重寫的意思，但是題

目不要那麼大。比如說這裡面有提到這個羅素（Russell），這個是英國的，還有蒙特梭利（Montessori），蒙特梭利我指導楊荊生也寫蒙特梭利，但是他用的書非常的少，用的書不是少，是非常的少，因為他有做一點調查研究。事實上，蒙特梭利英文版的書，牛津有一個出版社幾乎把所有蒙特梭利的書都重印了，小的版本我大概都有。我為什麼書那麼多？因為指導一個學生就把他的書全部買起來，像指導楊荊生寫蒙特梭利，我就把他的書買起來；指導盧美貴時就把他所有的書都買起來，所以這個書一不小心就變成很多，為什麼可以重寫？因為當初他們蒐集的資料都不夠多，碩士論文題目可以大一點，博士論文要小題大作要記得。不要天大地大的一個題目當博士論文，那好像在寫一本概論一樣。

後面美國也挑了幾個題目，例如：Parker，還有赫爾巴特，美國的赫爾巴特學派運動，還有 Wirt 跟 Gary 的學校計畫、Washburne 跟 Winnetka 制度，還有 Parkhurst 與道爾頓制（Dalton）。Dalton 在早期中國有實驗過，實驗好像沒有成功，所以道爾頓翻譯做「逃而遁」。

我這裡面大概有一個結語，這個結語就是最後，我最希望這個八十出頭，我希望再兩、三年還有四章把它寫完。第二感想沒有寫在這裡面，就是因為臺灣師大教育系，它每年有頒發賈馥茗老師獎學金及頒發田培林老師獎學金。那麼從林逢祺教授當系主任以後，他有一個傳承，他就把系裡面，包括我的著作最新的買來，然後送給研究生傳承，比如說史哲的，有楊深坑送的、有我的、還有林逢祺的，送給學生，都是專長要相符。否則的話，你送給他沒有用。我在一本書裡面，一個學生我就寫了一句話。這個一句話也是我做這個教育史研究的一些想法，就是說教育史哲的學習是一趟艱辛、寂寞又漫長的旅程，但是在這個旅途當中，發現哪怕是一朵小花，也會驚艷然後

雀躍不已，這個是我第一個想法。就突然間我發現一個資料，眼睛都亮起來。比如說我在寫這個的時候，我在國家圖書館，因為別的學校、師大沒有、很多學校沒有，我跑到國家圖書館看那個 Charles Dickens 的一本書和一篇文集。看一看，哇！看到一張表，眼睛就亮了起來，正是我想要的，是什麼呢？就是在十九世紀 50 年代，倫敦 White Chapel 白教堂那個地方，有一家工人餐廳的價目表！看一下眼睛都亮起來，麵包、奶油一便士。什麼一便士，最好的、豪華的套餐有三、四種，還有那個什麼肉，三、四便士。但是你要知道，倫敦是比較有錢的對不對？它的價錢比較高，所以我就馬上把它放到我的文章裡面去。所以像剛剛我提到我寫錯的 Horace Mann，黃瑄怡她也不曉得。忽然間，她看到有關那本書一篇介紹 Horace Mann 的資料，就拿給我一看，解決了我的問題。所以哪怕是一朵小小的花，也讓你這樣很高興的，這是第一個感想。第二個感想就是，我說我年輕的時候真的書讀很多，剛剛說我充實我的背景知識的時候，那時候覺得我懂得很多，但是慢慢讀、慢慢讀，讀到現在八十多歲了，越覺得讀書讀得越多，覺得自己不懂的反而更多，所以我就學習說，不得不學習謙卑。這個不是「千杯酒」，以前酒很會喝，是說要謙虛。面對這個無涯的學海，真的不得不謙虛，這個是我這麼老的一些……兩個的、最後的感想。對不起，因為這是聊天，沒有辦法增加各位一些知識，特別是我這些老朋友都是教授了，實在是浪費你們的時間，謝謝各位。

3

學術科目之性質與教育學學科
形成之歷史探源

楊深坑教授
國立臺灣師範大學名譽教授

講演時間：2017 年 6 月 13 日
講演地點：國立中正大學教育學院一館 410 教室

　　今天我非常高興，有這個機會來跟各位分享一下我最近的一些研究心得。在開始心得報告之前，要非常感謝黃昆輝基金會的柯執行長，也幫我傳達黃老師，我會再重回學術界，黃老師跟郭為藩老師兩位發揮了非常重要的關鍵力量。上一次在臺師大，他們為我舉辦的退休、失業，慶祝我失業的會議場合裡頭，我秀出了這兩封信，他們嚇了一跳，怎麼那兩封信那麼久我還保存著，有一封是黃昆輝老師的信，一封是郭為藩老師的信。因為那時候所謂臺語說「讀書，讀到越讀越討厭」，那個時候我在宜蘭，小時候沒什麼錢，想要出國都沒有錢可以出國，考了好幾次公費都輸人一點點，本來說考試很好，好不容易這下穩上，結果強中還有強中手，就是你們教育行政界的強手謝文全考了第一名。哇，沒辦法，沒魚，蝦也好。

回去鄉下，人家說「留學你要去哪裡留？留什麼學？」、「大家都要考美國，你要考哪裡？」我說希臘，大家被嚇一跳。希臘的臺語不知道要怎麼說，我也不會說。唸書唸得很辛苦回來，外交部、行政院新聞局都在招手，最屬意的是外交部，已經跟外交部談好了，結果黃老師一聽到，寫了一封信說：「你這個傻小孩，你考外交部在幹嘛？」他把我搶回來，那一封信還在，我上次秀給大家看，他嚇了一跳，怎麼那封信那麼久都還在，這個快要掉進深坑的那一剎那，黃老師趕快拉了我一把。

我在學術界打混那麼久，還可以打混出一點點小成果，對這兩位老師非常感恩。今天這裡講的好像跟基金會的實務性有點不一樣，不過還可以勉強的說一句，這一些教育學學術科目的形成，我相信我們朱所長大概很清楚早期會有教育學這個科目，多多少少跟救助窮人有關。那些窮人家的小孩子，就是所謂的泛愛教育運動，都是那些窮人家的小孩子沒有辦法唸書，這一些所謂貧窮學校啦、城市學校、拉丁學校各級各類學校這等等的報告，多多少少有一點關係，所以教育才是這個人類的希望。

為什麼會變成這樣一個科目？這裡可能要從虔敬教派跟泛愛教派這邊再做一個說明，雖然跟今天的講題看起來好像搭不上，可能是硬繞，不過這是一個歷史事實。教小孩子應該要有一些道理，這些道理為什麼不能變成一個科目？我想今天來我們中正教育「學」研究所講這個科目跟這個題目更有道理，各位放遠來看國內的任何一個教育所，大概都只敢稱為教育研究所，唯獨中正是教育學研究所，現在有電腦馬上去查看看全國各地的教育研究所，看有幾個所稱為教育學研究所，如果我的記憶沒有錯的話，這裡是唯一的教育學研究所。

到底教育是不是一個學術科目呢？來談這個問題應該有我的一些基本想法。到目前為止，特別是教育哲學裡頭的 London line，所

謂的倫敦路線中的一些學者，談論教育是一個領域，是一個 research field，而不是一個 discipline。就是它還構不成一個 discipline，所以到底什麼是一個 discipline？所以首先我的報告裡頭，就要講這個 discipline 到底是什麼。而且這個 discipline 又是一個 academic，又是什麼才是一個 academic 的意思？有幾種類型是要討論這個問題，然後再進一步的看看這個學科，成長的歷史背景，多多少少跟啟蒙運動有密切關係。我想啟蒙運動對學科的形成，與盧曼（Luhmann）的談論相似，也是在差不多在十七、十八世紀左右才有學術的分化開始，教育學也是在那個相近的時代開始萌芽，然後再談虔敬教派跟泛愛教育運動跟 Trapp。坊間很多的中文書籍，都一直誤以為赫爾巴特（Herbart）的《普通教育學》是第一本教育學體系著作，實際上是錯的。比他早了二十幾年，Trapp 於 1779 年的演講稿與 1780 年出版的《教育學體系探究》，這本書這才是第一本，比赫爾巴特的《普通教育學》早了二十多年，所以很多人弄錯了。當然我還是要發揮一點比較教育的觀點，三句不離本行，所以不能光談德國，英國跟美國也稍微談一下，然後再來想一想我們作為臺灣唯一的教育學研究所，要不要帶領一些風潮，說真正有這麼一門學科而不是這個擺著的，到底是不是 academic discipline，我們就必須要對什麼是 academic 做一個說明，發揮追根究柢的精神。

Academus 原來是一個希臘神話裡頭的一個傳說人物，他也不是主要的神，傳說海倫（Helen）不知道有多漂亮，十二歲就被希臘雅典的國王 Theseus 誘拐了。當然她的豐功偉業，各位應該很熟悉，是引起特洛伊（Troy）戰爭的，她嫁了墨涅拉俄斯（Menelaus）的時候又被誘拐──被帕里斯（Paris）就是特洛伊的國王。但是 Theseus 誘拐她的時候，海倫才十二歲，十二歲就被誘拐，這我真的很難想像。海倫的兩個哥哥很生氣，就要來攻打雅典，結果 Academus 偷偷

的告訴他們說：「我告訴你，海倫被藏在哪裡，不要打了，我們把海倫還給你」，所以 Academus 就變成雅典的守護神，這個是其來有自。雅典的守護神就在雅典的郊外，各位去雅典應該都去參觀過衛城（Acropolis），圖的最上方〔PPT 省略〕，這個看得到嗎？最上方就是衛城，衛城底下那一片就是希臘的郊區 Academia，後來也是跟我們的分開教學有一點關係，柏拉圖（Plato）就在這個地方，看起來是在交談，事實上就是在講學。這個地方就變成所謂的 Academia 的起源，後來我們講的學術院，都叫做 Academia，中央研究院叫做 Academia Sinica，是拉丁文的拼法，A-c-a-d-e-m-i-c-a S-i-n-i-c-a，這是中國的，應該講中國的研究院，就像這個很獨的人聽到這個，是不是也應該把中央研究院改掉，把它改成這個 Academica Formosa（福爾摩沙）。不知道啦，我沒有什麼政治意思，有些人什麼都要改，我剛剛在車上，他們在講，這個現在什麼課綱爭得頭破血流，那個 Academica Sinica 也要改。academic 這個字的來源就是這樣，原來就是一個拯救了雅典免於被毀滅的一個神，後來衪的神殿就在衛城底下的一個郊區，雅典的一個郊區，柏拉圖（Plato）就是在那開始講學，我們現在所談的學術，事實上就是這樣來的。

　　學術裡頭要不要分科呢？當然有一些分科的要求，分科通常會說是一個 discipline，discipline 有兩個拉丁字源，一個是 Disciplina，那個「ci」拉丁文要唸成「ki」，現在都唸成 discipline。她是指一個女神，這個女神是帶有 frugality，應該怎麼翻？frugality 就是我們做學問的時候，必須要講求非常的嚴謹、精確，還有 sternness，要非常的堅決，對的就是對的。還要 determination 下定決心，像各位同學在寫論文的話，要下定決心把它寫完，不要半途而廢一樣，要有這些心思。我們在拉丁文裡頭後來那又衍生出一個字叫做 discipulus，它跟我們相對應的就是這張圖要表達的，這是在古羅馬時代的教學

情況〔PPT 省略〕。右邊那個就是 Magister，所以各位可能不知道的一個事實是在康德那個年代，有所謂的學院之爭，就是到底哪個學院要當龍頭老大，但是事實上，哲學院過去一直被認為是基礎學院，沒有什麼老大不老大，凡事你要通、要做任何學術應該要有堅持的 philosophical foundation。所以哲學院拿到的學位叫作 Magister，事實上就是博士學位，只有神、法、醫得到的學位叫作 Doctor，現在很多人忘掉，說康德不是只有 Master 嗎？Magister 也不是 Master。事實上，我的了解是英國的很多大學裡頭，如果你寫的博士論文不怎麼理想，就會頒給你 Magister，這個不能翻為碩士，換成 Magister 如果用英文的就是 Master，它是來教 discipulus，就是這個學生，我們現在稱為 disciple，用英文來唸是耶穌的信徒叫 disciple，這與我們講的學科 discipline 一樣，你要乖乖的聽訓。在中古世紀沒有所謂的學生中心，沒有所謂的「你怎麼教我啊？你那個課綱都是錯的，我學生要來教你耶」，沒有這一回事。現在是要講風水輪流轉還是怎麼樣，歷史很令人訝異，現在學生來教，「老師你不會教，我來教老師你如何教我好不好」，這是跟中古世紀不一樣的，以上是 disciple 的這個來源。

當然 Max Weber 把 discipline 這個字用在那個資本主義上，各位都知道，他在《新教倫理與資本主義》這一本書裡頭，他說這個 discipline 這應該翻成規訓，事實上就是我們在資本主義社會裡頭，資本主義想要哪一種類型的人來為他賺錢，它有一套要求勞動力的類型，或者我們現在所謂的人才，這是 discipline 轉化而為韋伯所謂的規訓，正好這個規訓又在 Foucault《規訓與懲罰》這一本書裡頭，特別把它稱規訓，實際上是我們作為一個個體最有效的方式，這個是 discipline 的另外一個層面的涵義。那麼如果我們把這一些幾個重要的特質來看，把它放到跟 academic 放在一起來討論的話，事實上我們是不是一個 academic discipline，基本上要有以下的幾個特質：

研究對象是什麼、要有專門化的知識內涵、要有專業術語跟專業的理論，還有專門的研究方法，還有一個制度的形式。換句話說，我們如果把這幾個綜合來看，也就是一個科目，我們來考量是不是教育學，還是很多學校會比較膽小的，沒像中正那麼大膽，我們只是教育研究所。我的了解是現在有課程學，課程是不是一個 discipline 誕生，這幾種制度形式，是有專門的方法、專門的內容、專門的對象、有制度形式。制度形式包括如果我們用現在的觀點來看，有一個專門傳播的專業期刊，還有一個公共領域就是學術研討會。

為什麼叫做學術 profession？為什麼叫 profession，也是一樣，profession 的字原意，pro 就是在大家的面前，fession 就是公開宣稱自己的主張、公開宣稱我是一個什麼樣的人，禁得起大家的考驗。換句話說，我敢這樣講，等等各位可能揮過來很多石頭，滿頭包，「你這樣講對不對啊？」「拜託，我們從來沒有舉手過」，就是我敢講就表示敢接受挑戰，就是一個公共的論述空間，公共論述空間也就是我們在談學術的起源，為什麼會從啟蒙運動開始的原因，就在這裡。從啟蒙運動以後，才開始公共的論述空間，所以從這樣的一個角度來看，當前的一些學術科目，有一些人是把它分作一些是應學科，比如說數學、物理什麼的。這些很明確，理論很清楚、概念很清楚，有它獨特的內容、有它一套晉升的方式等等，至於也許各位有人唸管理，management 現在很夯，EMBA，我看師大的廣告，一個學年下來就可以拿到。廣告說是立足什麼 learn locally、lead internationally。一年，只要一年就夠了，這個廣告打得好大，所以有兩個 L，learn locally、lead internationally，那是 EMBA 的那個廣告，只要一年，你就可以在這邊學習拿到 EMBA，就可以成為國際領導人。「連我讀那麼多年，都想要去唸了」，這個是一個比較 soft。各位如果在中正被你們朱所長 K 得滿頭包的話，可能就……「喔我怎麼那麼痛苦？還

要讀幾年才能畢業？」這是一個很嚴格的 discipline，這個 hard discipline，教育會不會成為 hard discipline？還是根本就不成立 discipline？這個交給各位做評斷。

我們再來看看，就是學科為什麼會從啟蒙運動開始？因為啟蒙運動才開始有各個學科的分化的起源，那當然一談到啟蒙最典型的意義，還是要取康德講的何謂啟蒙。康德是超厲害的，超級康德我們這邊也有。他講什麼是啟蒙，啟蒙是從自我侷限中的未成熟狀態走出來，但是未成熟，有很多中文書都翻成未成年，是不太好，這跟年紀是無關的。immature state，有的活到一大把年紀還是未成熟，我有時候很喜歡舉我阿嬤為例子，實在很不好意思，但不是不尊敬她，事實上她是一個很典型的例子，她去鹿港很多次了，「年輕人這個車子是不是要去鹿港？」年輕人看到一個港字，就說：「是啦，阿婆，快點去、快點去」，完蛋了，要去鹿港跟我報去北港。她明明坐了 N 次了，她自己都知道車子要在哪裡搭，她還是很不放心，所以是自我侷限的那種未成熟的狀態。她其實知道，只是不放心。所以康德告訴你勇敢利用你的理智，你要好好的有自己的判斷，這是啟蒙最經典的意義。

再來是啟蒙，啟蒙指的是一個十七、八世紀的歷史時期，這個時期很典型的就是發揮那個時代的精神，就是勇敢的運用你的理智，不要相信習俗、不要相信權威、不要相信我拜什麼神明，就可以考到什麼高考。要勇敢相信你自己，要拜拜，下輩子要做神明，如果不拜、你就會下地獄，都不要相信這一些，只要相信此時的幸福，這是大概啟蒙最主要的幾個重要信念，相信理性、相信此時的幸福、儘量的追求此時的幸福，而不要想所謂天啟，就是宗教。所以歸納起來，那個年代就是理性主義哲學跟經驗主義哲學相差極大，各位都知道，一個是強調從經驗開始，一個強調人的理性之光可以掌握這個世界等等；

第二個就是剛剛我講的宗教的世俗化，不要相信天啟、不要相信神蹟，你只要追求此時的幸福。那個時候也有一些開明的、理性的開明專制制度。最典型的例子還是德國的腓特烈大帝，腓特烈大帝也應該是世界上義務教育的大功臣，他在 1763 年把義務教育正式成為皇家的 edict，edict 應該是詔令，就是發布命令。義務教育就是我們這個國家的需求，所以它那個時候的義務教育比現在還長，五至十二歲，而且是強迫的。小孩子不入學的話，軍隊可以介入，現在是警察可以介入，所以這個義務教育一開始究竟帶動什麼？要有老師。要有老師的話，就是後來德國相當有名的所謂的教師研習班 Seminar。不知道哪一個補習班很瞎，我看了好幾份卷子，怎麼都在說「瑟琳娜、瑟琳娜」？像德國的「瑟琳娜、瑟琳娜」，不知道哪個補習班的教材？我在想「瑟琳娜」，原來是 Seminar，這就是太相信習俗，而不相信自己的判斷，所以那個時候就開始有一些師資培育的制度規劃。師資培育的制度規劃，自然會帶動要怎麼來教，也是間接的促進了教育學發展的一個很重要的因素。

那個年代也有到底要強調理性還是要強調浪漫的情懷？我也蠻喜歡歌德的作品，歌德的作品很典型，特別是《浮士德》這一部詩劇，很典型的說明了理性跟情感之間，所以浮士德原來每天在那邊搞學術，搞得很煩，所以把自己的靈魂交給魔鬼，然後他浪蕩了一陣子，最後找到一個幸福的王國，幸福的王國是指他跟他的人民共同來建構，所以在那個跟人民共同、共赴幸福王國建構的時候，他感受到這個世間無限的進步，終於喊出了一句「我真幸福」。魔鬼就要把他抓走，結果就變成他沒有被抓走，所以這一種理性跟浪漫之間，促進了很多學術刊物的出現，那時候我們講的期刊也是在啟蒙運動年代才開始的，底下我想這個期刊應該是就那個年代，這一本期刊現在還有〔PPT 省略〕，那是拉丁文的拼法，不要誤以為弄錯，拉丁文沒有 J

這個字，而 U 也寫成 V，這是 *Le IOVRNAL des SCAVANS*，這是 1665 年第一次出刊的學術性重要期刊，當然那個時候還有很多類似⋯⋯要怎麼舉例呢？壹週刊、什麼兩週刊，還蠻多的，專門報導流言軼事，跑去寫那個什麼咖啡、去亂摸人家之類的，那時候也有這一些八卦的周刊。這一本是學術性的刊物，那同樣的這個教育學術刊物，第一本是 1766 年，這個教育期刊〔PPT 省略〕，不是那個軟性的，不是你們鄭教授編的那個什麼硬刊，這裡有一點學術性，是這個學校與一般教育雜誌，這是 1766 年，那時候的那個期刊都出來了，可以說明什麼是一個 discipline？看這裡就可以知道，這個是等於開放了一個公共論述的一個空間。另外 1795 年，一個 Niethammer，這個是 1795 年出刊的〔PPT 省略〕，你可以看到那個學術期刊，是直接翻譯，就是德國學者社團的哲學期刊，這是 Niethammer 一個人文主義學者他發行的一個刊物。學術期刊可以說在這個年代就已經開始了，《中正教育研究》可以追溯到這麼早，就是 1766 年就已經有這樣一個前瞻性的刊物。

　　啟蒙的另外一個特色就是公共領域的形成，公共領域包括那個年代的所謂的⋯⋯跟現在一樣到咖啡館去幹嘛？喝咖啡、聊是非，這一張是沙龍（Salon）的畫〔PPT 省略〕，是貴族階層才有的，沙龍裡頭都是貴族階層，所以後來才有咖啡屋（Coffee House）的出現。下一張就是十七世紀的那個咖啡屋的廣告〔PPT 省略〕，在十七世紀，咖啡屋是典型的中下階層聊是非的場所。沙龍的畫是有錢的貴夫人，就像現在據說有什麼貴夫人的下午茶之類的。有錢人是到沙龍，沒有錢的十七世紀的工人，他要上工之前去咖啡屋看看小報、聊聊是非。這個就是各位如果有唸哈伯瑪斯（Habermas）的話，都知道他有一本書叫做《公共領域的結構變遷》，他也是把這個年代的咖啡屋作為我們所謂的公共領域的開始。他那個年代也不像現在說每天有⋯⋯臺

灣的這個非常壯觀，不知道要看哪一臺才好，第幾臺這個罵藍的，第幾臺罵綠的，不然你也被搞混了，這個好像至少有九十幾臺，轉來轉去很熱鬧，我通常是回去看完新聞之後，就不想看了，但是有一些人據說被那些名嘴牽著鼻子走。而這個在十七世紀他們典型的就是在咖啡屋裡頭罵政府、罵那個，而這個也就變成了那個年代我們講的公共領域，慢慢醞釀了一些學者的出現，這是啟蒙運動的另外一個特色。

另外最重要的是後面這一點，因爲那個年代工業化已經慢慢形成了，都會地區形成以後，就形成了另外一種所謂的——我們現在翻成中產階級，或者布爾喬亞，其實那時候只是說一些有錢人他們賺了錢，賺了錢就開始會有都會的集中，所以就形成所謂的我們現在講的 citizen，我們講的公民教育，各位現在爲什麼講公民教育，事實上就是十七、十八世紀 citizen 形成以後，每一個到了 citizen 的人，就有一些新的教育的需求，有別於以前的需求，是這樣的幾種觀點促進了教育研究的開展。

在討論教育研究的開展時，不得不先說明虔敬教派（Pietism）的影響，虔敬教派，特別是在 1618 到 1648 年之間，如果再延伸的話，一直延伸到 17 多少年的時候，那個年代戰爭頻繁，社會關係網絡開始鬆動。在 1618 到 1648 年，三十年戰爭結束以後，訂定了所謂的《西發里亞和約》，麻煩的是《西發里亞和約》訂定以後，它是容忍天主教派、路德教派以及改革教派，你要哪一塊地盤給你去傳教，在那塊地盤是容許各教派互相傳他自己的宗教。那問題來了，因爲各地的領主，所謂的諸侯，諸侯意見變來變去，一變的話，這個教派的宗教信仰就必須要改了。

這個我印象很深刻的是差不多兩年前到保加利亞，我們就特別跑到一個鄉下去，有位老人就告訴我們，土耳其打過來的時候非常可憐，因爲他們是信基督教，土耳其各位都知道信回教，這些小老百姓

被抓過來，讓你選你要改信基督還是要堅持你的，改信阿拉還是堅持你的基督？說改信的就放掉，說我再考慮看看，關起來，堅持不改的處決。我作為一個自由的信仰者，我聽完真的很難想像，那個年代的宗教戰爭就是處在這種狀態。所以因為爭地盤，人民無所適從，農民四處遊竄，沒有辦法維生，所以教派的信仰就變成形式化，所以就有虔敬教派，說你不要相信那些信仰，你要回歸信仰，用你的這個情感來體驗而不是用僵化的信仰模式，這個也就是促進了虔敬教派的興起。

其中跟教育特別有關的，就是這個 Spener〔PPT 省略〕，這個字經常會被弄錯，那字也有打錯的，後來我們才叫他改了，不是 Spencer，跟 Spencer 很像，他是設了所謂的虔敬學園，在那個學園裡頭一起唸聖經、一起禱告，透過良心來得到救贖，也應該講一下現代性大學，我們在談大學的時候通常會舉柏林，那時候叫做柏林大學，就是等於是現在的洪堡大學（Humboldt），都會舉它為例子，而事實上現代性的大學第一所應該是哈勒大學（Halle）。1694 年，他是背後的推動者，哈勒大學推動了大學的成立，也間接促進了教育學術的發展。Halle 大學就是典型的現代性大學的組織型態，以哲學院為基礎，上面延伸組織，這個 Halle 大學雖然它不是以教育的研究為主，但是可以說是促進教育研究一個很重要的契機。

在教育學的學術發展史裡頭，應該算是一個轉折點的是 Francke〔PPT 省略〕，剛剛我講 Francke 是那時候到一個教區去當牧師的時候，發現說小孩子都不上學，整天無所事事。他們很厲害，都會利用那個主日，就是所謂的禮拜天，到教會來要東西、乞討，他想光給你吃東西實在不太對勁，他乾脆說：「好，你唸書好了，你唸多少書，我才給你東西吃」，結果這樣好像也沒有效果，所以只好真的設立所謂貧民學校，這是我們講的貧民教育的開始。然後這個貧民學校，他

想這個社會階級當然有貧民，當然也有一些城鎮、市鎮的，開始了市鎮學校，而有一些貴族他想要升大學，所以也設了拉丁學校跟那個不太好翻——應該是 Pädagogium（拉丁語）那個教育學校，這一個是純粹爲了升大學設的一些學校。後來最屬害的，各位研究女權運動，可能應該也推他爲祖師，他也專門爲女生設了婦女學校，所以過去我們講這個對德國的教育制度，特別是義務教育，貢獻最大的當然應該是腓特烈大帝，但是他也可以說是奠定了當代學校制度的一個基礎。

更屬害的是你要設學校的話，要有人來教，你不能亂教一通，不是像以前這樣，所以他開始設教師研習班，這兩種類型的教師研習班，一種類型是爲貧民學校跟一般的那個市民學校而設的，還有一些等於我們要設給那個高中教師的那個教師研習班，這個是我們要講什麼「瑟琳娜」的開始，應該是這個時候就有開始，Seminar，各位如果唸德國的高等教育史的時候，大概都知道傳統大學特別是那個洪堡大學開始以後的一個大學的基本單位叫作 Seminar，而且大學的那個教學也應該用 Seminar 的方式。洪堡大學有一個基本訓練，大學是要追求眞理的場所，眞理不是說只有教師才是眞理，應該是大家一起來探索眞理，所以會衍生成大學的教學方式，也應該用 Seminar 的方式，這個是其來有自。而 lecture 的話，所謂的 Vorlesung（德語：演講課），那個只有像你們的朱所長那樣有學問的人，他有了研究成果，才在大家的面前 Vor（德語：前），把他的研究成果唸出來，那個 Vorlesung（德語）的課，有時候很叫座的話，三、四百個人都有，你來來去去也沒有人管你，有很多課像海德格（Heidegger）的「什麼是形上學？」就是 Vorlesung 的，剛我們講的那個教育學的起源，那個 Plato 的教育學，也是 Vorlesung 出來的。

剛剛是虔敬教派的影響，泛愛教育運動也是在這一個年代稍晚時就在德國開始，泛愛教育剛剛我也講了，它的起源的基本背景是德國

開明專制，開明專制開啟了政教分離，政治是政治、教育是教育，不像以前中世紀是聽從教會的指導，而現在是政治是政治、教育是教育，所以也開啟了理性的信賴，要求信賴理性。商業發展以後，城鎮興起成為城鎮的中間分子，宗教面臨了挑戰，要強調自然回歸自然、教育要國家化，教育要成為國家控制的機構，那也強調了開始運用德語教學，這個在以前是很難想像的，在以前是拉丁文的教學。

這個運動最主要舉兩個，一個是 Basedow，Basedow 他除了圖〔PPT 省略〕就是他設的泛愛學校，現在還留著，各位可以去看看。這個是泛愛學校應該是在 170 幾年設的，到現在還保持那個原貌。他很重要的一本著作是給父母以及教師的方法書，用現在的話來講，是一本教學法的專業教科書，這一本方法書對康德啟迪很大，他也是很贊同泛愛的教學精神，這是泛愛教育運動裡頭很重要的一個人物。那最重要的，我想這個是我們在整個歷史發展過程裡頭，一般錯誤的以為是赫爾巴特是教育學之父，其實如果真的講之父的話，應該是他（Trapp）才對，他是在 1779 年應邀到哈勒大學擔任這個應該是教育史上的第一個哲學與教育學講座，並不是單純教育學，但是他的重點是在教育學這個部分。

他的上課講義，就是在 1780 年出版的《教育學探究》，《教育學探究》這本書我不知道我手頭上有的版本，有沒有改成那個現代版，德文的花體字很難看懂，那個花體字，這一本書跟後面的赫爾巴特不太一樣的地方在哪裡？這本書是真的強調經驗性補救，強調這個人性的法則應該可以體悟於自然法則，應該可以找出一些因果關係，應該找出這些法則的時候，那麼教育學就可以成為一門有系統的學術體系，這個系統的學術體系，也就在他的那一本《教育學探究》裡頭初步的規劃出來，他的《教育學探究》這一本書可以說是一個劃時代的貢獻。這個貢獻，當然我們也不能不往歐洲的另外一個方向來看，

英國當然也有它的影響。那個年代可以說是戰爭頻繁，整個社會階級已經變化。包括我們第一本《教育哲學探究》，是在 1670 年出版，臺灣大部分的教科書都認爲美國的 Horne 在 1904 年出版的眞正名稱叫《教育哲學》，但是它這本書的名稱叫做《教育哲學探究》，而事實上《教育哲學探究》那個年代受到自然科學蓬勃發展的影響，太強調實驗，看起來是教育哲學，但是它強調運用培根的實驗方法來遵循、追求教育的法則，這個概念跟我們底下有一本書叫做 Tate 的，也是英國人〔PPT 省略〕，Tate 的《教育哲學》，書名就叫做《教育哲學》，這個是在十八世紀出版的，在前面的話有兩位，他的書名叫做《實踐教育學》，這是婦女，一個瑪麗亞（Maria Edgeworth）跟 R. L. Edgeworth 他們合寫的〔PPT 省略〕，他們其實都是文學家、詩人，但是他感覺到教育很重要，所以在《實踐教育學》裡頭，特別強調要用實驗的方法來進行教育的探究，這是英國還有剛剛我講的 Thomas Tate，眞正的書名眞的叫做 Philosophy of Education，這個是在好像 1783 年出版的。

　　Alexender Bain 很重要的貢獻就是創刊了 "*Mind*"〔PPT 省略〕，"*Mind*" 現在還在發行，他很有名的著作，就是《教育就是一門科學》，顯然那個年代，他們想要把教育變成一門嚴格而確實的科學，這個是英國的學術氣氛下的產物，特別是波以耳、牛頓這些人影響下，想要用自然科學的方法來建構一門教育科學，這是英國的部分。

　　講到康德跟赫爾巴特教育學體系的開展，這就很有趣了，很多人都誤解了赫爾巴特繼承了康德的教育學思想，其實都錯的一塌糊塗，連那個外文書都錯了。康德在十八世紀，歷史紀錄應該是六次才對，但是很多書說他四次主講教育學於柯尼斯堡大學，而實際上他只講了兩次，只講了兩次，兩次就變成他很有名的，好像有中文翻譯的樣子，中文翻譯好像不只一個版本的《教育論》。那個時候是普魯士爲

了改善當地的學校，而要求哲學院，我們不要把它誤以爲是專門研究哲學，就是當代的所謂文理學院，文理學院的那個教授有義務要輪流爲一般老百姓公開演講要怎麼樣來進行教育。這個他講了兩次，這兩次後來他的學生把它編輯成《論教育》，這是這本書的來源，而後面兩次有一些人說是他，這個 Watt 繼承了他的教育學講座，後來我考證的結果又錯了。連那個很有名的 Vorländer 的《康德傳》，厚厚的兩冊都寫錯了，繼承他的是一個 W. T. Krug，而且他講座的是實踐哲學講座，而不是教育學講座，他只是說在那個講座底下，你有義務好像七個學期輪一次，因爲哲學院有八個教授，另外兩個是聘任，有一點類似我們現在的兼任，不叫兼任，那個很多書都翻做 Privatdozent（德語）。臺灣很多翻譯很好笑，都什麼私人講師，錯的一塌糊塗，他是在德國的話，拿到那個課 Unterricht（德語），就是有任教資格，就是有一個任教狀，任教狀在你還沒有找到那個 Ordinario，就是一個講座之前，你因爲學生需要或大學需要，請你特別來講這個課，講這個課不能由國家支付，不像那個 Ordinario，正常的教授由國家支付，那怎麼辦？也許是就像你們這樣，黃昆輝基金會贊助，開這一門課由黃昆輝的私人基金會來支付，或者是學生自願，自己收錢來支付，那叫做 Privatdozent（德語），不是私人講師，一點也不私人，這些課還是算到大學裡頭的課程。

康德在那個年代，他是實踐哲學的講座教授，不是教育學，講教育是哲學院的教師要輪流講，那個年代根本就沒有，至少克里斯島沒有教育學講座，是 Halle 大學才有。那他的講座後來是 W. T. Krug 繼承，W. T. Krug 後來才交給他們一個 Watt，Watt 最初也是希臘學的講座教授，而不是教育學，他只是擔任過康德就學過的一個高中的校長而已，康德在講教育學講座的時候，他就提出一個構想：我們教育應該有一些規則可循，不然要把這些規則把它建構起來，才不至於每一

次都嘗試錯誤，一代一代的在嘗試錯誤，所以他沒有眞正教育學的著作，這個不要弄錯。

那赫爾巴特也是後來才跑到柯尼斯堡，他很高興竟然能夠到柯尼斯堡教書，多麼高興。他也是實踐哲學的講座而不是教育學，這不要弄錯，他在 1806 年出的《教育學》跟康德之間到底是有哪一些關係，這很值得探討，這個探討是要花一點力氣，不過可以確認的是康德對教育學科的概念，介乎先驗演繹跟經驗探究之間，他認爲一定有一個先驗的演繹來支撐教育的開展，但是應該要有一些經驗做基礎，所以這是他的不一樣，他的一個基本觀點。

至於赫爾巴特，我想這個誤解的人更多，有很多中文教科書說他什麼教育目的取決於倫理學，沒有錯是倫理學，意思是倫理學沒有錯，但是他的原文是實踐哲學，教育方法取決於心理學，決定於心理學，不要弄錯，以爲是不是現在那個什麼經驗心理學，是不是 behaviorism？或者至少是 domestic，domestic psychology 還算碰到一點邊，如果你把它當成那個 behaviorism 的心理學，你就弄錯了。心理學還是先驗的心理學，什麼是先驗的心理學？是人的心理結構是一個數學結構，所以應該講是數學心理學，數學心理學有它的表象，人的內在有表象、外在也有表象，所以爲什麼他會提出四段教學法的原因就是人的表象，舊有的表象再融入新的表象作一個融合，再來開展新的表象，這是一個數學之間的演算過程而不是經驗的心理學，所以赫爾巴特的是先驗的心理學。

這跟後來德國在馮德（Wilhelm Wundt），這個部分我就跳過去了沒有講。馮德的心理學開展出來的 Meumann 的實驗教育學，它是眞正的現代意義下的實驗教育，是跟後來美國的一些發展應該也有一點點關係。我們等等談美國這個桑戴克（Thorndike）跟杜威（Dewey）之間的爭論是有點關係，所以康德的《教育論》，它原來就只是要想

辦法，應該講他的教育理論是擺盪於先驗跟經驗之間，他並沒有很明確的心理學的著作，這個我們可以看到的。赫爾巴特他是繼承了康德的先驗的部分，而不是經驗的部分，他的普通教育學，是建立在實踐哲學和心理學的基礎，想要建立一個教育學體系。不過值得注意的是，他的普通教育學基本上還是有一點點，用現在的話來講，是家教的成分比較多。因爲他一生都是家教，家教造就他的學術成就，是典型的「媽寶」，他要到外面唸書都是媽媽陪著他去的，他媽媽還跟他一起註冊。我跟你講，現在你看媽媽陪你唸書，看你會怎樣。

我們就看看十九世紀、二十世紀初，各位都知道那時候美國很重大的社會運動，一個可以稱之爲現代的民粹運動 Populism，一個所謂的進步教育、進步主義（Progressivism），民粹運動比較偏向那個勞工階級，所以進步主義教育運動就是要把過去的那些傳統的教育理念做一個整理，追求社會不斷的進步，跟 Populism 訴諸這個勞動有所不同。在這個運動底下我們可以看到伊利諾大學的創辦人 Hinsdale，他主張的是模仿德國的講座制度，所以他在 *Study in Education* 這本書裡頭強力的推薦德國的作法，德國跟蘇格蘭，我們知道蘇格蘭也是在整個教育學的發展史裡，在歐洲裡兩個重鎮，他希望能夠規劃一個講座制度，然後成立教育學的學科。

那另外黑格爾主義者就很奇怪，這個 Royce 就一直懷疑有沒有所謂的 Education Science，Education 根本就是一個專業活動，是不是成爲一個 Science。那這個 Harris 更妙了，他擔任過我們現在講的，應該我不曉得這邊有很多留美的怎麼翻，這以前很多人都翻錯了 commissioner，比如說 of education，這是內政部裡頭的一個主管教育的單位，就像「署」，就像現在教育部裡頭有一個國教署，但是我看了很多中文的書，都把它翻成教育部長，包括那個很有名的到德國去考察、美國公共教育的 Barnard，也一樣，他們都對於德國很有

感情，都親自來，尤其那個 Mann，他跑到德國去，聽說還帶著新婚的太太去參觀人家的學校，我就很懷疑，這種太太多娶幾個真的很好，竟然可以一結婚就一起去參觀人家的學校，除非是同行的，不然不會覺得很無聊嗎？他們就是把黑格爾（Hegel）的思想應用到他教育局的行政，用到這個學校教育的推廣，這是一個很典型的 Harris 的教育政策，而且他也是創辦了美國第一份《思辨哲學期刊》，杜威（Dewey）的第一篇代表作就是在這個刊物發表，所以一般人認為杜威是經驗，恐怕要大打折扣。我們現在看看杜威跟桑戴克之間的一些激辯，也是在教育學史上很值得去好好討論的一個課題。我們一談杜威就是什麼「教育即生活」、「教育即生長」、「教育就是經驗的改造」，不要弄錯他講的那個經驗，事實上受到黑格爾的影響，滿深的經驗概念，受到達爾文（Darwin）蠻深影響的經驗概念——經驗是連續性的，不像是桑戴克〔PPT 省略〕，他講的經驗，事實上都是用心理學的概念刺激反應之間的連結，才會有接近律、效果律什麼學習三大定律，也要有回饋，你才會建立這個學習的連結。這兩個人實際上在二十世紀初、十九世紀末有非常激烈的爭辯，杜威有一本書也叫做《教育科學》，桑戴克也有，兩個人就為了什麼才是科學在做辯論，剛我講到杜威的經驗，科學應該是建立在一個經驗法則上，他的經驗法則是一種有機體的，等於是達爾文式的調適經驗，而桑戴克講的經驗，卻是我們講的比較接近行為主義刺激反應的連結，一個連續經驗，所以對於教育科學到底應該採取一個什麼樣的樣態？實際上我們如果從德國最典型的，德國是教育學的發展，是一個很重要的開展是沒有錯，英國從受到培根、波以耳、牛頓影響的科學概念到美國，它基本上早期的一些思想界特別都是從德國那邊過來的，尤其是黑格爾跟赫爾巴特，當然赫爾巴特的影響很大，赫爾巴特的影響加上桑戴克是受到後期經驗心理學，特別是 Wundt（馮德）成立實驗心理學研究

室以後，有很多美國學者到那邊去學習，得到了很多的概念，所以在那個年代形成兩股很重要的消長勢力，這一股消長的勢力，我們未來的教育科學應該怎麼辦？教育是一個很嚴格而確實的 disciplines？還是只是一個 professional fields？這個答案我還是交給大家來討論吧！到底是不是一個 science？是不是一個 scientific discipline？或者是回歸到我們前面所講的 academic discipline，一個很學術性的、一個有一些有嚴格的方法、嚴謹的內容、有自身的理論基礎、自身的專業術語、自己的專業期刊、自己的專業學術活動，就是自己的專業討論的空間，還是只是一個研究的園地？不要說阿貓阿狗，心理學家來插一腳、經濟學家來插一腳、這個什麼人都來插一腳，就是沒有一個 disciplinary identity，要不要有一個 disciplinary identity？我請教各位一起來討論，希望這樣的一個刺激可以激起大家的討論，謝謝各位。

杜威教育思想今詮

單文經教授
中國文化大學師資培育中心教授

講演時間：2017 年 6 月 25 日
講演地點：臺北市立大學公誠樓四樓教育學系 G415 研討室

　　感謝臺北市立大學教育學系邀請，讓本人有機會藉此一講演活動，向黃昆輝教授表達最高的敬謝之意。1977 年，時任國立臺灣師範大學教育學系主任暨教研所所長的黃教授聘本人為助教，讓本人以碩士生的身分進入教育學術界服務。四十年來，一直從事教學與研究工作的本人，無日或忘黃老師至深且鉅的提攜之恩！

　　1988 年，本人在歐陽教（字育之）教授的指導下，以《杜威的道德教育理論》為題完成博士論文之後，因為教學的任務皆以課程與教學為主，雖未延續博士論文進行杜威教育思想方面的研究，卻也不時參閱杜威的有關論著。然而，真正重啟以杜威經驗哲學為本的教育思想之研究，則始自 2011 年 2 月進入文化大學師培中心服務，於 2012 年 8 月以「《經驗與教育》譯注研究計畫」申獲科技部的贊助。今天，本人謹就這些年的研究成果（已發表期刊論文 8 篇，專書論文 6 篇，期刊書評 2 篇，譯注專書 2 本；另有若干篇有待改寫的研討會

論文），作一番整理，擇其要者，跟會眾分享。

壹、由兩篇書評看杜威在今日的接受程度 [1]

一、《杜威：我們這個時代的教育哲學家？》

　　該書為曾任牛津大學教育學系主任、2003 年退休的蒲寧教授（Richard Pring）於 2007 年出版，是英國 Continuum 國際出版集團（Continuum International Publishing Group）發行之「教育思想文庫」（Library of Educational Thought）的第 4 本。[2] 本人在這篇書評曾先就書名作了一番分析。

　　第一，本人注意到的是，蒲寧在這本書的正題《杜威》之後，以疑問句的形式呈現這本書的副題。他以「反詰」、「詰問」，或「激問」的方式問讀者：「杜威是我們這個時代的教育哲學家嗎？」從表面上看來，這句話似乎是在質疑、甚至是否定「杜威是我們這個時代的教育哲學家」的說法。但是，實質上，這句話所表達的正好是相反的意思。蒲寧這麼做的用意，是要借著問話的方式，來加強說話的語氣。換言之，蒲寧提出這個「反問」的語句時，心中已有定見，卻不直說，反而進一步以「反問」的方式表達，以便迅速吸引讀者的注意，俾使讀者的印象更為深刻。事實上，該書的主旨即在論證「杜威

---

[1]　(1) 單文經（2012）。書評：《杜威：我們這個時代的教育哲學家？》。當代教育研究，20(2)，171-183。(2) 單文經（2013）。書評：《時空多重折射下世界各國接受杜威思想的情況》。當代教育研究，21(1)，153-170。

[2]　(1) Pring, R. (2007). *John Dewey: A philosopher of education for our time?* London, UK: Continuum. (2) 這套叢書就古希臘時代迄今，對於教育理論卓有影響的思想家逐一撰成專書，介紹其小傳、重要著作評述、接受與影響情形、時代意義等。這套叢書自 2007 年發行以來，已出版數十本。

『正是』我們這個時代的教育哲學家！」

第二，這本書有三個關鍵詞：「杜威」、「我們這個時代」、「教育哲學家」。

先看「杜威」。我們很清楚，這裡的「杜威」是指以大思想家著稱，在 1859 年出生於維蒙特州、1952 年辭世的約翰·杜威（John Dewey），而不是以創立杜威十進分類法（Dewey Decimal Classification）著稱，1851 年出生於紐約州、1931 年辭世的梅厄維爾·杜威（Melvil Dewey）。

次看「教育哲學家」。杜威在維蒙特大學求學時即對於哲學研究發生興趣。後來受到維蒙特大學托利（Henry Augustus Pearson Torrey, 1837-1902）教授，以及當時全美唯一哲學期刊《思辨哲學期刊》（*Journal of Speculative Philosophy*）的主編哈里斯（William T. Harries, 1835-1909）的鼓勵，而入讀約翰霍浦金斯大學研究院，奠定他以哲學為專業的宏願。他自己的成長歷程、中小學受教乃至大學畢業後任教中學的經驗、養兒育女的體會、在密西根大學及芝加哥大學任教時對教育狀況的觀察等等因素，讓他有了：「進行哲學思考應該把焦點放在教育這個攸關人類最高利益的問題上」之體會（Dewey, 1930: 156）。[3]1898 年，他在芝加哥大學的函授部冬季班開設教育哲學一科，即為落實此一想法的最佳明證之一。吳俊升（1983：37）並依據杜威的此一史實，作出「教育哲學成為教育系之一學程，杜氏為始創者之一」的論斷。[4]

---

[3] "*From absolutism to experimentalism*" (Dewey, 1930, LW5: 156). 又，EW, MW, LW 分表《杜威全集》（*The collected works of John Dewey, 1882-1953. Electronic edition, Second release*, edited by Larry Hickman, Charlottesville, VA, Intelex Corp.）早、中、晚期（*Early, Middle, Later Works*）的論著。

[4] 吳俊升（1983）。*增訂約翰杜威教授年譜*。臺北市：臺灣商務。

　　另一項更具體的明證，是杜威一生勤奮於治學，孜矻於論述，專著及各式論文凡八百餘種，屬於教育哲學的論著即約二百餘種。[5] 其中，較爲後人熟知的有《我的教育信條》（*My pedagogic creed*, 1897）、《學校與社會》（*School and society*, 1899）、《兒童與課程》（*Child and curriculum*, 1902）、《教育中理論與實施的關係》（*The relation of theory and practice in education*, 1904）、《德育原理》（*Moral principle in education*, 1909）、《教育上的興趣與努力》（*Interest and effort in education*, 1913）、《我們如何思想》（*How we think*, 1910/1933）、《明日之學校》（*School of tomorrow*, 1915）、《民主與教育》（1916）、《教育科學的源泉》（*The sources of a science of education*, 1929）、《經驗與教育》（*Experience and education*, 1938）等。甚至，在他封筆文字〈《教育資源的運用》（*The use of resources in education*, 1952）序〉一文當中，仍念茲在茲地從教育哲學的角度，回顧五十多年來自己與進步教育運動之間的關聯。在這些教育哲學論著中，最值得一提的是《民主與教育》（*Democracy and education*）一書，原本的書名即爲《教育哲學導論》（*An introduction to the philosophy of education*）。職是之故，稱杜威爲「教育哲學家」，可謂爲名符其實。

　　再看「我們這個時代」。杜威是在十九世紀中葉出生，而於二十世紀中葉辭世，在世九十有三年，可謂相當長壽。說他是橫跨了二個世紀的教育哲學家，殊不爲過。然而，蒲寧說他是我們這個時代，也就是二十一世紀的教育哲學家，就有必要推敲一番了。而蒲寧這本書的主旨即是在就杜威教育哲學的要點一一加以說明，並且指陳其思想在二十一世紀的今天仍然是「適切的」（relevant）。不僅如此，杜

5　這是本人由《杜威全集》中的資料粗略估計的。

威所顯示的教育哲學家風範，亦即其「從事」（doing）教育哲學思考的作法，也切中了我們這個時代的脈動。

設有五個部分、一共八章的這本書，以第二個部分「杜威的教育主張」中第二章〈教育目的〉、第三章〈經驗、形成意義、認知與探究〉、第四章〈兒童中心教育〉、第五章〈課程：邏輯與心理層面〉、第六章〈統體與個人：民主與倫理〉等來解答「杜威提出了哪些能使教育實務工作者不斷進行反思的主張呢？」這個問題。另外，該書並且在第五個部分「我們這個時代的教育哲學家」中的第八章〈當前的問題與杜威可能的回應〉之中，呈現了當前的若干教育問題，並且假定杜威如果仍然在世，會怎麼回應。

在這些文字之中，除就杜威的哲學及教育思想作了富有洞見的介紹，並指陳當今教育上許多時興的實務作法，如「兒童中心教育」、專題研究學習（project-based learning）、行動研究、學習理論、課程論述、教育方面的質性研究等等，皆可在杜威教育哲學的有關論著中找到根源。職是之故，杜威的教育思想可謂為歷久而彌新，而其為「我們這個時代的教育哲學家」，確實當之無愧也！

二、《時空多重折射下世界各國接受杜威思想的情況》

另一篇書評為《時空多重折射下世界各國接受杜威思想的情況》。這是一本跨越比較教育、歷史、社會、文化與哲學等多個研究領域，由來自阿根廷、加拿大、英國、德國、秘魯、葡萄牙、俄國、西班牙、瑞典等國的學者共同合作，所撰著在不同時期的阿根廷、巴西、中國、德國、日本、墨西哥、莫桑比克、葡萄牙、俄國、西班牙

等國家，接受美國學者杜威思想的情況。[6]

　　本書把杜威思想在國際上的流傳、探行，以及再脈絡化當作一個具有特別豐富意義的案例，進行比較與歷史的研究，俾便理解：在這些對杜威思想進行詮釋甚至付諸實施的不同國家之中，其歷史文化的傳統、政經社會的背景如何，又涉入這些活動的知識分子，在此一思想傳輸的過程中，扮演著什麼樣的角色。把這些背景——拉丁美洲、東亞、葡語非洲，以及西歐與東歐——放在一起，即提供了一組獨特的觀察與分析的領域。於是，該書各章即可能憑以進行教育知識之國際化的不同程度與面向的比較研究，而且因為這麼作，就可以從較寬廣的比較與國際研究路線所突顯的問題，以其個別案例進行微觀的探索。如同 Schriewer（2000）在另文所討論的，此一問題乃是由現今世況「各種相反的潮流交織」而成。所以，進入各種不同的社會——政治及意識型態的環境中，針對一個大家公認為「世界級的大儒」的哲學與教育思想家，進行比較－歷史的研究，應該能揭示此一同時存在的相反潮流之機制。[7]

貳、《經驗與教育》譯注計畫暨有關論文 [8]

一、《經驗與教育》譯注

　　本計畫所譯注的《經驗與教育》一書，是原出版單位 Kappa Del-

---

[6] Bruno-Jofré, R., & Schriewer, J. (Eds.). (2012). *The global reception of John Dewey's thought: Multiple refractions through time and space*. New York & London: Routeldge.

[7] Schriewer, J. (2000). World system and interrelationship networks. In T. Popkewitz (Ed.), *Educational knowledge: Changing relationships between the state, civil society, and the educational community* (pp. 305-343). Albany, NY: State University of New York Press.

[8] (1) 單文經（2013）。杜威《經驗與教育》一書蘊含的教育改革理念。教育學刊，40，

ta Pi 國際教育榮譽學會（Kappa Delta Pi International Honor Society in Education, KDP）在 1998 年發行的六十週年增訂版（*Experience and education: The 60th anniversary edition*）。該版本的特色之一是原出版單位 KDP 邀請了曾經獲贈該會桂冠學者榮譽的四位當代學者，為最早獲得此項榮譽的杜威所出版的這本書，各自撰寫了一篇評論。

《經驗與教育》譯注的研究成果分上、下兩篇；上篇為具有學術導論性質的緒論，下篇為重新譯注本，包括杜威《經驗與教育》一書的全文，以及四篇評論。本書上篇為緒論，是為《經驗與教育》的學術導讀。該篇先呈現簡式的杜威年譜，以摘記其生平梗概及重要著作。其後，再分為杜威其世其人、該書的重要性，以及重新譯注的必要性等三章。

第一章，杜威其世其人。先以跨越兩個不同的世紀，以及身兼哲學家與教育家二節，說明杜威其世其人。第三節敘述杜威關注教育問題的原因，第四節則補述研究杜威生平與著作的有關資料。

第二章，纜述《經驗與教育》一書的重要性。本章先以楔子說明譯注本書的緣起，其後再分為二節。第二節，自該書的外觀及篇幅的大小，以及流傳與接受的情況等，描述其重要性；文中包含了該書的出版經過、印行的版次、各個時代的評論、譯本（含中譯本）的數量，以及引用的情況，說明其為一本短小精悍的教育經典。第三節，則以 1894 年及 1904 年為界限，將杜威教育論著分為三個階段，詳述其以七秩晉九高齡於 1938 年出版的《經驗與教育》一書，實為其辯

1-35。(2) 單文經（2013）。解析四位當代學者對杜威《經驗與教育》一書的評論。載於周愚文、林逢祺、洪仁進、方永泉、張鍠錕、彭孟堯（主編），2012 教育哲學（頁285-321）。臺北市：學富。(3) 單文經（2014）。杜威《經驗與教育》一書所呈顯的教育願景。教育與心理研究，37(3)，33-58。(4) 單文經（2015）。經驗與教育（六十週年重新譯注本）（頁 278）。臺北市：聯經。

解教育立場的力作。

第三章，說明重新譯注這本教育經典的必要性。第一節，先以原出版單位 KDP 在 1998 年發行該書六十週年增訂版的特色為由，指出該一新版本有待譯注的事實。第二節，以過去 1940 年代的三個及 1990 年代的一個中譯本呈現多譯而少注、或只譯而不注，甚至有漏譯、刪割、誤譯、走樣與資訊不足等情事，說明現有譯本可再予改進，而有重新譯注該書的必要性。第三節，則提出重新譯注的三項承諾：翻譯時謹守活譯達意、簡錬流暢、力求神似之原則，注釋時試達該注則注、詳為解讀、深入闡釋之目標，研究時則盡力研所應研、譯研合體、臻真善美之境界。

另外，為讓讀者能較為深入地了解杜威學術思想的演進與發展，本人特將杜威於古稀之年所撰的〈由絕對論到試驗論〉（From absolutism to experimentalism, 1930）譯成中文。又為使讀者能較為廣泛地了解杜威的家族背景、父母家人的情況、自幼及長師友的影響、求學任教的經過，以至學術與社會活動的大要等，本人又將其幼女珍‧杜威（Jane M. Dewey, 1900-1983）於其父八十壽辰時所撰〈杜威傳記〉（Biography of John Dewey, 1939）全文中譯。這二件譯文，一是杜威的學術自述，一是杜威的傳記，權充緒論的附件，應能與學術導讀發揮相輔相成的作用。[9]

下篇為《經驗與教育》譯注本。這一部分又分為正文前各事項、正文八章、當代四位學者的評論四章、正文後各事項等四者。正文前各事項包括：六十週年版次的編者前言、1938 年版次的杜威序，以及 1938 年版次的編者前言等，可讓讀者迅速掌握該書出版的背景及出版旨趣等訊息。正文八章除依據前述的承諾力求譯文的信、雅、達

---

[9]　依科技部規定，這二篇譯文未能列入附錄印行；惟本人留有電子檔，有意者可索閱。

之外，並針對關鍵術語及重要概念進行注釋，以便讀者能清楚地理解原典的內容，以及作者杜威所欲傳達的意思。原出版單位邀請曾經獲贈該會桂冠學者榮譽的四位當代學者，為最早獲得此項榮譽的杜威所出版的這本書撰寫的評論，亦仔細加以迻譯，並作必要的注釋。在正文之後則有六十週年版次的編者所置入的杜威及四位當代學者的簡介，以及全書的索引。全書共約十七萬字，其中緒論五萬字，譯注本十二萬字。又，全書的正文約十三萬字，譯注共約四萬餘字。

二、杜威《經驗與教育》蘊含的教育改革理念

本文置杜威在 1938 年出版的《經驗與教育》一書於其哲學與教育思想發展的脈絡中，闡釋該書所蘊涵的三項教育改革理念：第一，不滿現況，妥為面對變局，尋求教育改進；第二，正視爭議，放棄非此即彼的二元對立思維；第三，澄清誤解，再三叮嚀呼籲，回歸教育真義。本人指出，在面對「變遷才是規律」的現實時，我們應當切記《經驗與教育》一書所啟示的「連續中有變化，變化中有連續；互動方得成長，成長方得進步」之基本原理，在採取任何教育改革的行動之前，要正視可能存有的爭議或衝突，在極端的事理或問題中找尋符合教育真義的可行作法，仔細地思考、周詳地規劃、廣泛的溝通、普遍的參與、深入的宣導、具體的行動、真確地落實，以力求穩妥施行！

三、杜威《經驗與教育》一書所呈顯的教育願景

一般以為杜威的《經驗與教育》（1938）為《民主與教育》（1916）之後，以澄清教育立場、總結教育哲學為主旨的最重要教育

論著，而本人則以爲該書更呈顯了其對於教育願景的主張。本文乃以
該書爲主，配合其他著作，分五節闡述之。第一節，前言，說明本文
寫作的緣起與背景；第二至四節分別以「培養能形成目的、組織手
段、採取明智行動的學習者」、「激勵能理解人性、運用環境、妥予
適切指導的教育者」，及「建立具民主理念、持續改革、辦理優質學
校的好社會」說明杜威在該書所呈顯的教育願景；第五節，則指陳若
干啟示以爲結論。

參、杜威教材論研究計畫有關論文 [10]

一、為「學教翻轉、以學定教」的理念探源：杜威教材心理化主張的緣起與要義

　　最近臺灣許多縣市積極推動「學教翻轉、以學定教」的教學改
革，意在以學生學習爲核心，由課堂教學、校務經營，而校園文化，
建立一個人人認眞學習的共同體。本文以爲此一重視學生興趣、能
力、需求等心理特質，並且以學生的生活世界爲場域、學生的直接經
驗爲起點，逐漸導引學生進行主動與積極學習的各項課程與教學的改

---

[10] (1) 單文經（2013）。為「學教翻轉、以學定教」的理念探源：杜威教材心理化主張的
緣起與要義。教育研究月刊，236，115-130。(2) 單文經（2014）。反思杜威教材心理
化為本的課程實驗所帶來的改變。課程研究，9(1)，85-110。(3) 單文經（2014）。教材
心理化與邏輯化爭論的平議。課程與教學季刊，17(4)，85-112。(4) 單文經（2014）。
杜威對課程與教學問題的提示。教育研究月刊，245，128-144。(5) 單文經（2014）。
課程與教學力：杜威觀點。發表於國立臺灣師範大學教育學系「縣市教育力與教育發展」
學術研討會。10月3-4日。臺北：國立臺灣師範大學。(6) 單文經（2014）。課程統整
改革20年：杜威會怎麼看？載於方永泉、湯仁燕（主編），教改20年——回顧與前
瞻（頁155-202）。臺北市：學富。(7) 單文經（2015）。杜威教材通論的評析。教科書
研究，8(1)，63-108。

革理念，率皆與杜威所提出的教材心理化主張有關。於是，本文乃以杜威爲主人翁，以其早期的著作爲依據，探討這一項很重要的主張。本文先行說明其一向關心課程、教材與教法的問題，然後就教材心理化主張的緣起與要義略作介紹，以確認其爲「學教翻轉、以學定教」理念的根源之一。

二、反思杜威教材心理化為本的課程實驗所帶來的改變

　　一般研究教育或課程史的學者皆同意，近百餘年來在各地中小學所推動的重視兒童興趣、能力、需求等心理特質，並且以兒童的生活世界爲場域、兒童的直接經驗爲起點，逐漸導引兒童進行主動與積極學習的各項課程實驗，率皆與杜威所提出的教材心理化主張有關。本文的主旨，即在探討杜威有關教材心理化主張的要義，並據以反思在美國及臺灣若干以此理念所進行的課程實驗，帶來了什麼樣的改變，且就社會的情境解釋其原因。本文指出，以杜威教材心理化爲理念的課程實驗，因受到各種主觀與客觀條件的限制，欲求其帶來改變，著實不易；但因學校組織的鬆散結合特性，而讓有志之士在有限制的情況之下，作出不斷進行類似課程實驗的抉擇。

三、教材心理化與邏輯化爭論的平議

　　作爲一位長期以來從事課程與教學研究的學者，本人心中存有一個困惑多年的問題：教材心理化與邏輯化的爭論到底是怎麼回事？具體而言，哪些學者較爲關注心理化，哪些學者較爲關注邏輯化；又他們各有哪些說法，乃至有哪些相互衝突的論點？如何平議之？本文的主旨，即在解答這些問題，以消解心中的困惑。全文分爲七節。除前

言與結語外，第二至四節縷述杜威心理化主張的提出、杜威與追隨者持續闡述其主張，以及杜威澄清與總結其主張，第五節簡述吳俊升及赫思特的批評，第六節則先由爭論的緣起看問題的本質，再由具體的作法看爭論的平議。本人在結語中指出，杜威所主張的：由兒童在工作活動中所發現的興趣，循序漸進地引導他們學習依邏輯原理組織而成的知識，雖屬老生常談，卻仍值得參照。

四、杜威對課程與教學問題的提示

本文在以杜威的著作及有關的二手文獻，簡要敘述他對於課程與教學問題的提示。全文分為九節。前言，以杜威主張課程、教學與行政或管理為學校之中三個相互關聯的問題，說明課程與教學問題在其心目中所占的重要地位。第二至第八節分別就狹隘看待教育、遮蔽課程意旨、課程兒童對立、課程教學二分、課程組織失序、教學活動偏差，以及學習未盡真實等，一一說明杜威對於課程與教學問題所作的提示。第九節，則點出廣義看待教育、課程與教學，力求課程、兒童與教學的整合協調，課程組織重組與教學活動平衡，以達到真實學習的目標等要項，以為結語。

五、課程與教學力：杜威觀點

本文在以杜威的著作及有關的二手文獻，簡要敘述他對於「課程與教學力」這個語辭的看法。全文分為八節。第一節，以杜威對於「課程」、「教學」與「力」等語辭的分析，展開本文的前言。第二至第七節，分別就杜威有關廣義看待課程、均等對待課程與兒童、整合對待課程與教學、讓課程組織有序化、妥善運用教學活動，以及讓

學生真實的學習等六項主張，一一加以說明。第八節，則總結杜威對於課程與教學力內涵的提示。至盼這些提示，能作為各縣市教育界人士在思考「課程與教學力」有關指標的內涵之參考。

六、課程統整改革20年：杜威會怎麼看？

在說明本文撰作緣起的前言之後，本文以兩節文字說明本人由杜威觀點來看臺灣課改的緣由，再說明只著眼於課程統整此一專題的原因。接著，本人以第四節敘述杜威對課程統整的主張；除了論列他「基進的課程統整」（radical curriclum integration）理論，以及他將此一理論付諸實驗的情況，並且指出他在面對課程擁擠的問題時，也不見得要像臺灣上一波課程改革一樣，試圖以統整合科的方式，從「表面上」來減少學科的數量，而是在真正有必要時可以「秩序與經濟原則」作為課程調整的準據。[11]

本人做如此之多的鋪陳之後，第五節才進入正題。本人以為，杜威看到臺灣若干與課程統整改革有關的文件之後，應該會有喜憂參半的感觸，也會有十分樂見的心情，而他對於此番課程統整改革的不盡成功，特別是來自教師們的抗拒或應付作法，也會有相當程度的理解。最後，在第六節的結語中，本人除了提出──杜威所主張的，凡事不要只有極端的一種思考──也就是「某種作法一定好，其他的作法就一定不好」的想法，請大家參考之外，也借用一份新近公布的課程文件所提示的：「使學生獲得有意義且完整的知識與經驗」，始終

---

[11] 真正的課程統整應該要兼顧經驗、社會、知識與課程設計等四方面的統整，應該是杜威「基進的課程統整」（Beane, 1997, pp. 4-9）。Beane, J. A. (1997). *Curriculum integration-Designing the core of democratic education*. New York, NY: Teachers College Press.

是任何課程改革都應該努力的要項，與大家共勉。[12]

七、杜威教材通論的評析

　　教育部於2014年公布的《十二年國民基本教育課程發展建議書》中，有讓全民逐漸清楚教材意涵之呼籲。本文以杜威的論著與有關文獻爲依據，詮解與評述杜威對於教材通論的主張，可謂爲對此一呼籲之回應。全文分爲六節。第一節前言，由一般人教材觀念固著難改開始，說明撰寫本文的緣起與目的。第二至第四節，則自教材的意義與來源、分類與發展、組織與運用等主題闡明杜威的主張。本人於第五節的評析中，歸結杜威以經驗爲本的廣義界說破除偏狹的教材觀念、以教材漸進發展論消解活動與知識的對立、以整合組織與適切運用有效發揮教材功能等特點，並且以其主張可能太過超前、大眾偏見難改及學校結構固著等說明其不易落實的原因。第六節，除概述本文要點之外，並指陳若干未來研究的方向，以爲本文總結。

肆、重新詮釋《民主與教育》的時代意義譯注計畫暨有關論文 [13]

一、重新詮釋《民主與教育》的時代意義譯注計畫

　　重新詮釋《民主與教育》的時代意義譯注計畫（以下有時簡稱

---

[12] 查《十二年國教課發建議書》十分重視課程統整這個議題，因而以第二章〈連貫與統整〉（頁19-25）中的第三節「課程統整」（頁23-24）將近二頁共1,479字處理此一議題。

[13] (1) 單文經（2014）。杜威學習共同體的理念闡釋。教育研究月刊，241，122-137。(2) 單文經（2015）。杜威社會控制論的教育涵義。臺灣教育社會學研究，15(1)，129-171。(3) 單文經（2016年）。杜威良師論與職前師培課程主張評析。教育科學研究期刊，62(1)，1-28。(4) 單文經（2016）。杜威使用卓越一詞的情況解析。載於楊國賜、

本書或《重》書）所根據的原書 *John Dewey and our educational prospect: A critical engagement with Dewey's Democracy and Education*，是美國哥倫比亞大學教育哲學學程教授兼主任韓森（David T. Hansen），有鑑於當時並沒有任何一本以《民主與教育》爲研究對象的專書，乃另邀集八位學者合作，共撰寫十篇論文輯成，而於 2006 年出版。

作爲該譯注計畫成果的《重》書，分上、下兩篇；上篇爲具有學術導論性質的導讀，下篇爲譯注本。原書 189-190 頁的作者簡歷，業經改寫爲作者學經歷與重要著作介紹，置於上篇導讀之中。全書包含凡例、目次、前言、〈導讀〉、〈譯注本〉、參考文獻、索引及譯注後記等，凡二十七萬餘字。其中，前言四千餘字，〈導讀〉正文五萬四千餘字，注釋七千餘字；〈譯注本〉的譯文十八萬餘字，注釋二萬餘字。

相對於由杜威獨力撰作、於 1916 年問世、書齡已達百年的《民主與教育》一書，這本由若干學者以《民主與教育》一書爲對象、而於 2006 年出版、書齡僅十年的《重》書，到底爲什麼還值得譯注，正是《重》書上篇〈導讀〉的撰寫主旨。謹簡單說明之。

首先，這是一本由知名的杜威學者以《民主與教育》爲對象所撰寫的好書。

一件東西好不好，有沒有價值，固然可以從外在的角度來衡鑑，

蔡榮貴主編，良師、典範與卓越──郭爲藩教授八秩華誕祝壽專輯（頁 121-137）。臺北市：師大書苑。(5) 單文經（2016）。重讀《民主與教育》·試釋杜威的歷史教育主張。載於中國教育學會主編，民主與教育：從理論到實踐（頁 21-65）。臺北市：學富。(6) 單文經（2017）。解析杜威有關工作活動（Occupations）的主張。課程與教學季刊，20(2)，139-163。(7) 單文經（2017）。素養教育的理念與作法：杜威觀點。載於中國教育學會主編，教育新航向──校長領導與學校創新（209-245 頁）。臺北市：學富。

看它是否為外在的人、事、物帶來什麼好處，或是增加了什麼價值；同時，也可以從它本身的材料、製程等內在的條件，來判定其好壞與優劣。書籍也一樣；作者的專業素養、過去撰作的品質等，也是評論一本書好壞的重要根據。

如〈導讀〉所述，本人從編者的報導、評論者的解析、作者們研究杜威哲學與教育思想的成果卓著、因而獲得有關學術專業團體的肯定等等訊息，確認作者們都是重新詮釋杜威《民主與教育》一書時代意義的最佳人選。因此，本人確認這是一本由知名的杜威學者以《民主與教育》為對象所撰寫的一本好書。

其次，這是一本可作為閱讀、理解或詮釋《民主與教育》之範例的好書。

在此，所謂範例，可由較寬鬆及較嚴謹兩個觀點來看。從較寬鬆的觀點來看，可以用日常語言來理解，範例是指某些可以視為模範、榜樣、示例的人、事、物，或可以當作評斷優劣良窳的準據或參照者；從這個觀點來看，一般人在閱讀、理解或詮釋《民主與教育》這部教育經典時，確實可以把《重》書的各篇論文作為模範、榜樣或示例，亦可作為評斷優劣良窳的準據或參照。

從較嚴謹的觀點來看，則可以將範例理解為「具有典範意義的案例」（paradigmatic case）。具體而言，如果把一些因為研究、教學、學習或從事教育實務工作，而需要閱讀、理解或詮釋《民主與教育》的人當作一個特定的社群，那麼，就應該會有一些想法與作法，逐漸構成大家共同認定的「典範」，而處於這個社群的人們即依此典範針對《民主與教育》從事專業性的活動。[14] 從這個觀點來看，《重》

---

[14] 方永泉（2000）。典範。教育大辭書。取自網址 http://terms.naer.edu.tw/m/detail/1306168/。

書的各篇論文就可作爲處於這個社群的人們在從事閱讀、理解或詮釋《民主與教育》的「範例」。

綜上所述，本人以爲，無論從較寬鬆或是較嚴謹的觀點來看，《重》書都是一本可作爲閱讀、理解或詮釋《民主與教育》之範例的好書。本人在〈導讀〉中，即曾就這一點作了三項說明，茲將其標題抄錄於此：其一，《重》書可見證《民主與教育》中歷久彌新的卓見；其二，《重》書示範了批判式解讀的作法；其三，《重》書各論文示範了杜威學者高品質引用《民主與教育》書中文字的作法。

第三，這是一本能爲國內教育學術與實務工作者帶來啟示的好書。

本人在〈導讀〉中提及，在「國科會103年度人文及社會科學經典譯注計畫推薦書單」中爲《重》書撰寫「推薦理由」的作者指出，國內許多教育學術工作者並未全面而深入地了解杜威的教育理論，以致常有一知半解或是以偏概全的情事，對於教育學術之發展有負面的影響；「推薦理由」的作者並特別以國內學界引用杜威的理論，多數停留在諸如「做中學」等概念，作爲例證。不過，因爲受到「推薦理由」的篇幅所限，該作者並未有機會針對這項評論多加描述。

事實上，在《重》書中以探討師資培育問題爲主旨的第八章，即有一段文字可代爲說明之：

> 我們或許會推斷杜威的想法與師資培育的實習層面最有關聯，因爲做中學在其中最爲盛行。史華伯（Schwab, 1959: 158）曾經就杜威在這方面所受的誤解有所討論，他指出：「做中學既不是只藉由做來學習，也不是只學習如何做。做與閱讀、反思，以及記憶乃是攜手同行的。」（Feiman-

Nemser, 2006: 134-135）[15]

　　此外，本人亦進入《杜威全集》的電子資料庫，查到了杜威於晚年接受訪談時，曾經鄭重地就這個問題作了一番澄清。這段訪談於 1949年 10 月 19 日，也就是杜威 90 歲生日前一天的《紐約時報》刊出。

　　該報導指出，杜威於 1949 年 10 月 18 日接受《紐約時報》記者范恩（Benjamin Fine）的訪談時表示，他對於不少人誤認他始終堅信「從『做』中學」，頗不以為然。杜威並且對人們總是斷章取義，而未理解其重視思考的一貫主張，深表遺憾。他更直言：「我不信只靠做就可以學習，重要的是做事時的想法。不明智的作法會導致學習到錯誤的事物」（Dewey, 1949: 259）。[16]

　　另外，亦有如本人在〈導讀〉中提及的，《重》書的作者們不但就包含「做中學」在內的諸多重要概念，進行理論的闡述，他們還從各自專長的領域針對當代的教育現場問題加以分析，並且提出有關因應對策的建議。所以《重》書應該有助於當今教育專業人員面對當前與未來的教育問題與挑戰，因而對於教育實務工作者而言，《重》書也是一本具有參考價值的好書。

　　當然，因為《重》書的作者絕大部分都是美國人，故所論述的場

---

[15] (1) Schwab, J. J. (1959). The "impossible" role of the teacher in progressive education. *The School Review*, *67*(2), 139-159. (2) Feiman-Nemser, S. (2006). A teacher educator looks at *Democracy and Education*. In David T. Hansen (Ed.), *John Dewey and our educational prospect: A critical engagement with Dewey's Democracy and Education* (pp. 129-145). Albany, NY: State University of New York Press.

[16] Dewey, J. (1949). John Dewey at 90 to Get $90,000 Gift--Interview by Benjamin Fine [Interview of 18 Oct. 1949, first published in *New York Times*, 19 Oct. 1949, 31, 39.]. *The Collected Works of John Dewey, 1882-1953* [L. Hickman, Ed.]. Electronic Edition [SV1: 257-260]. Charlottesville, VA, Intelex.

域當然是以美國爲主。然而，「他山之石，可以攻錯」；美國教育實務上所面臨的一些問題，以及其面對問題所採取的因應作法，也值得我們參考與省思。何況在今天全球化的時代，許多問題不分國界地同時或先後發生，因而《重》書的一些討論還是能爲我們帶來一定程度的啟示。

綜上所述，本人以爲，對於國內的教育學術與實務工作者而言，《重》書都是一本可帶來某些啟示的好書。

二、杜威學習共同體的理念闡釋

本人發現，日本東京大學佐藤學教授所提倡的學習共同體理念，在臺灣推動這二、三年以來，總是有人將其等同於協同學習或是合作學習的較爲狹隘的教學作法。所以，本人才在本文就佐藤經常提及的杜威，梳理其有關學習共同體的理念，進行一番追本溯源與闡發解釋的工夫。全文分爲八節，前言簡述寫作主旨，第二節說明杜威提出學習共同體理念的緣由與背景，三及四節分述共同體與社會的不同，以及其良莠標準與發展的層次；五至七節，則探討杜威在學習、教學與課程三個方面的基本觀點。本人在結語指出，學習共同體的理念涉及典範的轉移，而不只是一些方法與技術的枝節異動。此一理想之落實，須由你我開始；是所至盼！

三、杜威社會控制論的教育涵義

在全球化變遷日劇的時代，教育社會學界似較關注新右派教育改革所引發的社會公平問題，對於這些變遷可能蘊含的社會控制議題，則較少人探討。本文乃以曾在教育語境中討論此一議題的杜威爲對

象，以其著作及有關的研究文獻爲據，探討其社會控制的主張及所蘊含的教育意義。本文在說明杜威主張社會控制係社會力量的適切運用、闡釋其所主張的教育旨在助人化社會控制爲自制，並以其與社會控制有關的概念爲依托反思其主張的教育涵義後，於結論中提出兩項建議：（一）吾人應廣義看待控制及社會控制的意義，以便理解杜威社會控制主張的教育涵義；（二）吾人應以其所提倡之廣義社會控制主張爲基礎的眞實教育，補救新右派偏重經濟速效造成的虛假教育之失。最後，本文並指出四個未來可進一步探討的方向。

四、杜威良師論與職前師培課程主張評析

本研究旨在探討與評論杜威對於良師及如何以職前師培課程養成如此良師的看法。研究者進入有關文獻，理解其內涵、探討其意蘊，並評析其主張，藉以獲致啟示。在說明研究緣起、文獻回顧與研究問題後，本研究先由三方面解析其良師論，再據以說明其職前師培課程的理念與作法。隨後，研究者在評析杜威主張的特點與可資商榷之處後指出，時下良師除應教導學生運用思考方法解決各種問題之外，尚須引領學生妥予面對難以解決的人生困境；而執事者有鑒於過往職前師培課程內涵有偏重理論層面之虞，乃有轉而加強實務層面的趨勢，但應注意切勿矯枉過正，輕忽了確能適切引導實務改進的理論。

五、杜威使用卓越一詞的情況解析

恭逢郭師爲藩教授八秩榮慶，乃以杜威對卓越一詞的詮釋爲文，藉申賀忱。全文分爲六節。前言，由卓越典範郭老師的二、三事言及撰文的緣起。第二節，說明藉杜威詮釋正卓越之名的緣由，並簡介本文的研究方法。第三及第四兩節則分別舉隅說明杜威在早期與中晚期

論著中使用卓越一詞的情況，第五節爲綜要，第六節，除回顧與反思外，並以杜威不只一次爲「"excellence" 可教嗎？」總是遭人誤譯爲「"virtue" 可教嗎？」正名一事，作爲本文的總結。本文指出，杜威採取亞里斯多德的說法，自廣義的角度使用卓越一詞：無論是藝術品、動物或人物，凡是遵循其本性，進而採取適切的方式，依中道的準則行事，發揮應有的作用，而獲致群體所認可之成就者，皆可謂爲卓越。是知，此種卓越概念的本質在於以中道爲準則，表現於自我的超越，而非外求的爭勝。此一說法，或可作爲大家在追求「卓越」之時反思之準據。

六、重讀《民主與教育》·試釋杜威的歷史教育主張

爲紀念杜威所撰《民主與教育》一書問世百週年，本人重讀該書，並配合其另外的著作及有關的研究文獻，試著說明其歷史教育的主張。全文分爲五節。第一節，前言，旨在陳述本文寫作的緣起；第二、三及四節分別說明杜威在歷史教育的目的、歷史教材與教法、各階段歷史教育三個方面的主張；第五節，則自歷史的界說、歷史的方法、現在與過去的關係，以及歷史教育的重點等四項，綜論杜威歷史教育主張的特點，並從今日歷史教育革新的立場，略述應行補足之處，以爲本文的結論。

七、解析杜威有關工作活動的主張

本文旨在解析杜威有關工作活動（occupations）的主張。文分五節，第一節前言說明研究的動機與目的、主要文獻探討與評述，以及研究方法與進行步驟；第二節則自早年經驗、實務觀察、學理反思，

以及思潮引領等方面，說明杜威提出其有關工作活動主張的緣由：第三節則在分析當時一般人對手工訓練的界定後，特別強調杜威認為工作活動乃是在社會真實生活中，為兒童安排的兼具激發理智與促進實踐雙重功能的學習工作，而非只是忙碌的勞動或純粹動手的例行公事而已；第四節自滿足兒童需求、引發其學習興趣與動機，增進兒童經驗、堅實其繼續求知的根本，以及培養兒童膽識、奠定其未來生活的基礎等三方面，闡釋杜威對於工作活動之教育價值的論點。最後，第五節為結論。

八、素養教育的理念與作法：杜威觀點

本人以為，素養（disposition）是以追求真、善、美、聖等為理想，以天賦的資質為基礎，在平素的個人慎獨、社群互動等前提下，藉由個人勤奮學習、自我修行，復加接受他人引導、教育與訓練等過程，不斷反思、長期積累而成的結果。

素養以「潛在能量」（capacity）之形式儲存於人們的心靈中，並且形成一股待發的「行為傾向」（tendency），一旦面臨需加處理之各種知、情、意、行的問題情境，即可將「潛在能量」轉化為分析、綜合、判斷、決定等解決問題所需的手段，依從「行為傾向」，將平素的修養，發揮為適切的言行舉止，達成解決問題的目的，並且實踐具有「共好」（common good）性質的理想。

然而，大家對於與中文的「素養」一詞在英文相對應的語詞，究竟如何，始終未有定論。有以英文「competency」或「literacy」解「素養」者，亦有逕以中文音譯「suyang」解「素養」者，不一而足。不過，本人以為，將「素養」與英文的「disposition」對稱，倒不失為可行的作法，蓋「disposition」是指一個人擁有了某種「知識」、「態

度」與／或「能力」（knowledge, attitude and/or ability）的同時，還具有將這些知識與能力付諸實行的「傾向」（tendency, inclination or predisposition）。

　　職是之故，本文的目的乃在就杜威有關「素養」一詞的涵義及其用法，加以推衍與闡釋，俾供關心此一議題的同道卓參。為達成此一目的，本人試以「disposition」為關鍵詞，進入《杜威全集》電子版資料庫搜尋，發現每一卷都可見到杜威述及素養一詞，乃決定縮小範圍，以其在教育哲學方面的代表作《民主與教育》（Dewey, 1916）及心理學的代表作《人性與行為》（*Human nature and conduct*）（Dewey, 1922）二書為主，試著檢視杜威在行文中用到「disposition」一詞時，其前後的文字及其上下文脈，以理解杜威在使用該詞時，與哪些詞語相聯結？本人特別關注，杜威在針對作為名詞的「disposition」，都用了哪些動詞，且因而所呈現的教育意義如何？如此，或能掌握他運用該詞進行論述時的意義。

　　於探討杜威在素養的界說、有關的語詞、素養的性質等三個方面的說法，並且理解其對素養一詞意涵的主張之後，本文確認了杜威主張人們的素養不可能直接傳遞，或是為求速效而強予灌輸，因為即使勉強行之，其效益亦相當有限。他所囑意的乃是，形成、修正、發展，以及導引等較具間接性質，而且較為根本與長久的素養傳承方式。

伍、杜威民主哲學與教育有關論文 [17]

一、自由為教與學主體行動之目的：杜威觀點

　　本人以為，無論從教者或學者的立場來看，能夠不受不必要的羈絆，在合情合理可行的範圍內，以自由為其主體行動的目的，進而引發自主、自律、積極、進取的行動，是促成從內而起、永續持久、貫徹始終的變革之必要作法。本此，本文乃以杜威對於自由的論著為據，論述自由為教與學主體行動之目的。全文分為五節。第一節，前言，除敘述本文寫作之緣起與目的之外，並針對題旨，做進一步的解析。第二節，為未來作選擇的能力，分別討論自由為自主的選擇、自由為出自偏好的選擇、自由為負責任的選擇等議題。第三節，依選擇而行動的能力，則分別闡釋有效果的行動、有組織的行動、顧及他人的行動等說法。第四節，運用智慧的反思能力，則分別說明智慧的性質、反省思考的性質、自由即智慧的選擇與行動等要義。第五節，結語，則將前三節針對自由所作的哲學分析，統整地運用在教與學主體行動時，應行注意的事項，作兩點提示。

二、衍釋杜威晚期四本社會哲學專書的民主與教育意涵

　　本文針對杜威的四本社會哲學專書（《公眾及其問題：政治探究隨筆》，*The public and its problems: An essay in political inquiry*, PIP,

---

[17] (1) 單文經（2013）。自由為教與學主體行動之目的：杜威觀點。載於方永泉、洪仁進（主編），從內變革：開創教與學的主體行動（頁1-34）。臺北市：學富。(2) 單文經（2017）。杜威晚期四本社會哲學專書揭示的民主與教育要義。臺灣教育社會學研究，17(2)，45-95。(3) 單文經（2018）。試析杜威基進民主論。哲學與文化，45 (6)，101-124。

1927；《新舊個人主義》，*Individualism, old and new*, ION, 1930；《自由主義與社會行動》，*Liberalism and social action*, LSA, 1935；《自由與文化》，*Freedom and culture*, FC, 1939），說明其撰作緣由、解析其大義、歸納其要點，進而衍釋其民主與教育的意涵。

蓋本地教育學者在探討杜威的民主與教育思想時，多半從《學校與社會》（1899）、《兒童與課程》（1902）、《民主與教育》（1916），及《經驗與教育》（1938）等教育專著為切入點，而較少及於這四本專書（王朝茂，1999；胡夢鯨，1987；高廣孚，1971；高廣孚，1974；張從汝，2002；廖志恒，2013；蔡逸珮，2007）。另者，本地的社會學者在探討杜威的社會哲學思想時，則又較少及於其教育論著（楊貞德，1995；葉新雲，1987；葉新雲，1990；趙剛，1997）。職是，作者決定撰寫本文，期能略補缺憾。

文分十節，除前言與結論外，先說明這四本書是杜威針對社會問題有感而發的專著，接著四節分別簡介四本專書的主旨與內容大要，第七節總結四本專書中彰顯的杜威民主思想之特色，第八節說明四本專書中揭示的杜威教育主張之要義，第九節衍釋四本專書中的民主與教育意涵。

三、試析杜威基進民主論

對臺灣民主發展之憂心，以及有關文獻探討之結果，二層緣由讓本人起意撰作本文。以杜威原著及有關研究文獻為據，本文首先指出，杜威一本其「哲學家應關注人生問題並投入社會改革」之初衷，自早期於 1888 年〈民主倫理學〉首倡以生活方式、民主精神與文化為著眼之基進（radical）民主論，於包括 1916 年《民主與教育》在內之中期著作，確認其以更加澈底之民主制度矯正民主制度弊病之思

想，再於包括1927年《公眾及其問題》、1930年《新舊個人主義》、1935年《自由主義與社會行動》，以及1939年《自由與文化》等在內之晚期著作，深化其以社會與政治哲學為內涵之基進民主思想。接著，本文藉由杜威針對民主時局所發出之警示，其有關教育之理念，以及其思想之後續發展，進一步釋明其基進民主思想之要義。於結束前，本文呼籲大家再閱文首杜威警語，並就：臺灣民主是否因為扎根未深，馴至徒有選舉制度與議會政治形式，卻陷入分立零亂、敵對抗爭之事件益形頻繁，群眾瓦解裂變、人心分崩離析情況日漸增多，全民福祉、社會公義、經濟發展更受漠視之窘境，進行反思。「有則改之，無則嘉勉」雖為老生常談，卻適切依然。

陸、研究杜威教育思想此其時也！

蒲寧（Pring, 2007: 161-163）在《杜威：我們這個時代的教育哲學家？》第八章的第一節，以英國的杜威研究名家賴恩（Alan Ryan）於1995年出版的《杜威與美國自由主義思潮的巔峰》（*John Dewey and the high tide of American liberalism*）書中的最後一章章名〈消亡與復興〉（Death and resurrection）為名。在這一節當中，蒲寧指出，杜威以哲學家應該關注人生問題各個層面的主張，與亟欲建立自本自根學術領域的專業哲學家之想法不相符合，因而逐漸受到漠視與批判。而且，如蒲寧引用威斯布魯克（Robert Westbrook）於1991年出版的《杜威與美國民主》（*John Dewey and American Democracy*）書中542頁的一段文字所指出的：

杜威的教育哲學在50年代遭到進步主義反對者的猛烈攻擊，這些反對者實際上將美國公立學校體系的所有錯誤都歸咎於

他。（Pring, 2007: 161）

　　然而，在 1970 年代，消亡一段時日的杜威哲學與教育哲學主張又重受注意，而有日漸復興的景象。形成此一景象的原因之一，誠如蒲寧（Pring, 2007: 163）所指出的，是因為一些學者，如賴恩與美國的羅逖（Richard Rorty, 1931-2007）等人「重新發現」以杜威為代表的實用主義，能讓人們在察覺世間充滿著不確定的現實，還可「以建設性的方式來思考人類未來，進而使人生充滿樂觀可期的發展」，是為當代最為中肯的哲學思想之一。

　　另一個重要的原因，是因為《杜威全集》（*The collected works of John Dewey*）的出版，使得研究杜威思想更為方便。蓋自 1965 年起，美國南伊利諾大學杜威研究中心（Center for Dewey Studies at Southern Illinois University Carbondale）即開始整理出版《杜威全集》。目前已經出版的有：論著，包括初期（1882-1898）5 冊、中期（1899-1924）15 冊、晚期（1925-1953）17 冊、晚期補綴 1 冊，共 38 冊；另信件 4 冊，講演稿 1 冊。紙本部分為博伊斯頓（Jo Ann Boydston, 1924-2011）主編，初期、中期及晚期分別於 1972、1978 及 1985 三年發行。電子檔由席克曼（Larry A. Hickman）主編，InteLex Corporation 發行，1996 年初版，現為 2008 年修訂三版。

　　此外，杜威研究中心長期以來還陸續將為數眾多、以杜威對研究對象的二手著作的篇名作了整理，並且輯成目錄。[18] 目前，最新的目錄是由美國南伊利諾大學出版的電子版本，蒐羅了自 1886 年迄今的二手著作目錄。該一目錄把二手著作分為：已出版的二手著作、未出

---

[18] Boydston, J. A., & Poulos, K. (1978). *Checklist of writings about John Dewey, 1887- 1977* (2nd ed.). Carbondale and Edwardsville, IL: Southern Illinois Univerity Press.

版的二手著作、杜威著作的評論、二手著作的評論等四類。該中心並在杜威研究中心的網站上隨時綴補最新的二手著作篇名。

　　就中文世界的情況而言，早在二十世紀初葉，即陸續有我國學者到美國從杜威學習哲學或教育。杜威於 1919 年至 1921 年來華講學後，更掀起杜威研究的熱潮。其後，中央政府遷臺後，一些直接或間接受教於杜威的學者仍然繼續在臺、港等地研究杜威的哲學或教育思想，當然也發表了一些著作。畢竟杜威是個享譽古今中外的大思想家，後來陸陸續續也有一些學者研究杜威的哲學或教育思想而發表專書、期刊論文，或學位論文。

　　至於大陸地區則因為政治情況與意識型態不同的影響，不只造成了如孫有中、彭國翔、安樂哲（2010：2）所說的事實：「在當時烈火烹油的革命狂熱下，杜威的思想被當時的激進聽眾望文生義地誤讀了。」有關杜威的研究，乃因其思想受到嚴厲的攻擊與清算而停擺（吳俊升，1972：363-364），一直到 1980 年代改革開放之後，才開始有恢復的景象。最近一、二十年，以杜威為研究對象的各式論文，可說是如雨後春筍般地在大陸地區冒將出來。2004 年，復旦大學更成立了杜威與美國哲學研究中心，並透過該研究中心的聯繫，由華東師大出版社從南伊利諾伊大學購得 37 冊《杜威全集》及 1 冊索引的版權，共 38 冊，展開中文版《杜威全集》的翻譯工作。迄今，已經幾乎全部完成。[19]

　　若欲更進一步理解杜威的生平與學術思想的發展，可參考三類杜威的傳記：一為自傳，二為傳記作家撰著的傳記，三為杜威研究

---

[19] (1) 孫有中、彭國翔、安樂哲（2010）。杜威歸來（實用主義研究叢書總序）。收於徐陶等譯，L. Hickamn 著。閱讀杜威：為後現代做的闡釋（*Reading Dewey: Interpretation for a postmodern generation*）（1-6 頁）。北京：北京大學出版社。(2) 吳俊升（1972）。杜威在華演講及其影響。收於教育與文化論文選集（頁 335-368）。臺北市：臺灣商務。

學者撰著的評傳。第一類，有杜威於 1930 年所撰，旨在自道其思想轉變的〈由絕對論到實驗論〉（From absolutism to experimentalism, 1930）一文；[20] 還有珍（Miss Jane M. Dewey）、艾芙琳（Mrs. Granville M. Smith; Evelyn Dewey）及露西（Mrs. W. C. Brandauer; Lucy A. Dewey）等三個女兒，基於她們直接經歷的事實，在杜威自己的協助下，於 1939 年發表的《杜威傳》（*Biography of John Dewey*）。[21] 該文收入杜威八十壽辰，友生祝壽的論文集之中。該自傳並有中譯本，收於單中惠編譯（1987）的《杜威傳》中。第二類，則有戴輝眞（Dykhuizen, 1973）所撰《杜威的安身與立命》（*The life and mind of John Dewey*），以及馬丁（Martin, 2002）所撰《杜威的教育傳承：一本傳記》（*The education of John Dewey: A biography.*）。[22] 第三類，如洛克斐勒（Rockefeller, 1991）所撰，專門研究杜威的信仰歷程和宗教思想的評傳《杜威：宗教信仰與民主人本主義》（*John Dewey: Religious faith and democratic humanism.*），該評傳並有中譯本：趙秀福譯（2010）；威斯布魯克（Westbrook, 1991）所撰，以杜威的民主思想貫串其生平與著作的《杜威與美國民主》（*John Dewey and American democracy*），該評傳並有中譯本：王紅欣譯（2010）；賴恩（Ryan, 1995）所撰，以杜威的民主思想貫串其生平與著作的《杜

---

[20] 該文為杜威唯一自道學術發展的文章，原出處為 G. P. Adams and W. P. Montague (Eds), *Contemporary American philosophy: Personal statements* (pp. 13-27). New York, NY: Russell & Russell. 亦收於校勘本杜威全集 LW5: 147-162（見腳註 4）。

[21] (1) Dewey, J. M. (1939). Biography of John Dewey. In P. A. Schilpp (Ed.), *The philosophy of John Dewey* (pp. 3-45). New York, NY: Tudor. (2) 單中惠譯（1987）。J. M. Dewey 著。杜威傳（*Biography of John Dewey*）。合肥：安徽教育出版社。

[22] (1) Dykhuizen, G. (1973). *The life and mind of John Dewey*. Carbondale and Edwardsville, IL: Southern Illinois University Press. (2) Martin, J. (2002). *The education of John Dewey: A biography*. New York, NY: Columbia University Press.

威與美國自由主義的高潮》（*John Dewey and the high tide of American liberalism*）。[23]

　　另外，吳俊升（1983）著有《增訂約翰杜威教授年譜》，係以〈由絕對論到實驗論〉、《杜威傳記》及《杜威的安身與立命》等資料爲主編輯而成，亦值得參閱。還有，對於杜威思想的研究有興趣的朋友，必須一讀的是由柏斯頓主編的《杜威著作導讀》（*Guide to the works of John Dewey*）。[24] 該書針對杜威著作的目錄加以整理，且收錄了史耐德（Herbert W. Schneider）、韓恩（Lewis E. Hahn）、肯尼廸（Gail Kennedy）、魯克（Darnell Rucker）、雷斯（Wayne A. R. Leys）、摩里士（Bertram Morris）、艾姆斯（S. Morris Eames）、弗瑞斯（Horace L. Friess）、布里克曼（William W. Brickman）、艾特爾（George E. Axtelle）、伯奈特（Joe R. Burnett）、費希（Max H. Fisch）、及吳俊升（Ou Tsuin-chen）等十二位知名學者，分別就心理學、哲學與哲學方法、邏輯與知識論、倫理學、社會政治與法律哲學、藝術理論、價值理論、宗教哲學、社會與政治評論、教育與學校教育、批判與歷史研究、杜威在中國的講演與影響等十二部分，加以導讀。

---

[23] (1) Rockefeller, S. C. (1991). *John Dewey: Religious faith and democratic humanism*. New York, NY: Columbia University Press. (2) 趙秀福譯（2010）。杜威：宗教信仰與民主人本主義。北京：北京大學出版社。(3) Westbrook, R. B. (1991). *John Dewey and American democracy*. Ithaca, NY: Cornell University Press. (4) 王紅欣譯（2010）。杜威與美國民主。北京：北京大學出版社。(5) Ryan, A. (1995). *John Dewey and the high tide of American liberalism.* New York, NY: W. W. Norton.

[24] Boydston, J. A.(1972). *Guide to the works of John Dewey*. Carbondale and Edwardsville, IL: Southern Illinois University Press.

自我期許 —— 代結語

　　自從本人於 2011 年初任職文化大學以來，多在教育哲史的範圍內，以杜威的教育、課程與教學或教材等主張爲重點進行專題研究，雖已完成《經驗與教育》譯注計畫、《重新詮釋杜威「民主與教育」的時代意義》譯注計畫，且以杜威教材論有關的問題完成一般型專題研究計畫，並以這些計畫成果爲據完成 22 篇論文。

　　然而，我總覺得在一些問題上還有許多未完成的研究必須逐一進行。隨著年事漸長，類此亟需爭取時間、多作研究的急迫感即更加重。我總自忖，應該趁著身心條件還允許的時候，要加緊努力。同時，隨著研究的經驗漸增，閱讀、理解與寫作能力漸入佳境，更添加了「若不善用餘年，好好作些較高品質之研究，將枉費長久以來所接受的專業訓練，亦將辜負師長、友儕們的厚望，乃至自我的期許」等想法。就是這種「不多做些高品質研究，就會覺得過意不去」的考慮，使我有著持續不斷研究，並據以撰寫成各式論文，再改寫爲專書的意願。

美學視域與領導

黃宗顯校長
國立臺南大學教授

講演時間：2018 年 1 月 9 日
講演地點：國立中正大學教育學院教育學研究所

　　今天要分享的這個主題是美學的一些視域，就是一些美的觀點、一些美的特質，在學校領導上怎麼把它連結起來，加以應用，大概是這樣的一個主題。我特別高興的是雖然我對這個主題非常有興趣，也有所感，但畢竟只是一些初步的體驗和研究思考所得。藉由這個機會，可以來分享和就教大家。我們中正大學是國內教育學術非常有名、很重要的機構，朱所長是學哲學的，明地老師在領導行政界是全國知名的，還有很多老師是課程專家。我們可以藉著這個機會，把一個我們有興趣或者覺得重要的議題，大家來互相討論，希望能夠激盪出一些想法或者感受，所以我感到特別的愉快。

　　首先我要跟各位報告的是「學校的領導者的尊榮與拓展美學視域的需要性」。各位夥伴，我認為當學校領導者是一種榮耀，在座的各位老師，有的人可能在學校當老師，老師也是領導者。或者是你雖然不是當老師，但是你可能是在某個團隊裡面、活動裡是一個領導者。

或者說用現在分散式的領導來講，大家可能在不同的場域裡都是一個領導者。所以我覺得領導者本身，不管是從他的熱情，或者是從他的觀念，或者是從大家有一個共同的目標，跟一群人在一起奮鬥，基本上是一種可以去服務、可以去實踐，具有某種特別的意義感。尤其是學校的領導者，他更可以凝聚校內外的同仁，致力於所謂的創造成人之美。因為教育就是一種希望的工程，教育用來促進學習者，或是參與者潛能的發揮，或者是使知識更有效的應用，幫助大家在教育的場域裡面做實踐、幫助孩子成長，所以它本身是一種成人之美。我想講到老師職責的時候，大家也都知道教育本身是一種成人之美。學校領導者，他凝聚同仁的心力和資源，致力於創造成人之美，他本身是一種榮耀。由於這個成人之美──人才的培育，當然就有助於社會、有助於國家，所以當中其實也有福國淑世之美。但是領導者在現場領導的過程當中，有沒有可能也產生一些不美的現象？你們覺得有什麼樣不美的現象？大家有感受到的。學校領導的過程中，在實踐或者表現上，大家有沒有感受到也有可能產生一些不美的地方。你們有沒有什麼具體的例子可以來說說？有沒有想到什麼具體的例子？

　　大家可以多一點思考，因為我們要把一些哲學的、或思想的東西跟生活做連結。我們發現有一些學校領導者，他們可能是非常有熱忱，可是可能太過於急促了，所以有一些決策可能做得比較急促或者比較強制。權力的強制，造成大家溝通不夠，這個時候就會產生沒有引起迴響、大家不愉快的事情。像這樣就是一種不美的地方。可是在現實生活當中，是不是大家都好喜歡美？你們有沒有人不喜歡美的？在座有沒有人不喜歡美的？喜歡嘛。那如果大家都喜歡美的時候，美會帶給大家什麼樣的感覺？心動、愉悅的感覺對不對，好愉悅的感覺。然後呢，還有沒有什麼？幸福的感覺，對不對？你看看，所以我們在領導的過程當中，領導者的作為或者是想法，或者他的決定，或

者他領導出來的成果，如果能夠讓人家感覺到好愉悅、覺得好幸福，那是不是一種很美好的事情？

　　我們的領導者如果是從這個角度去看的時候，顯然這是一個可以讓我們領導者思索，還有去創造的一個向度。我可不可以在我的領導過程當中，有想法或作為，或者是成果，創造出可以讓人感覺愉悅、感動，或有幸福感？這當然是一個值得思考的方向。過去在文獻上面，大家一定讀了很多領導的理論的文獻。大家有沒有發現，我們過去在臺灣領導的學術研究裡面，對領導美學這一塊是不是相對的探討比較少？我們有很多來自國外的領導理論介紹，對我們在領導的現場有很多的幫助；我們也認識了許多從中國，或者是臺灣自身的文化裡面、東方文明所談到的領導者的作為，很有幫助！可是基本上，領導美學這一塊是比較少。這一塊比較少，但是現實當中大家覺得它有需要。領導如果能夠讓人家覺得很愉快、有幸福感，多麼美妙！在現狀裡面，校長領導的確很需要這一塊。你們有沒有想到，比如說教育部現正在推動美感教育計畫，要推動美感教育，在學校裡面，老師、校長要不要具備美學素養？如果他都沒有這樣的素養，他又要帶領學校的同仁去推動，這中間當然就有一些可以再強化、再提升的地方。事實上我們假定他了解和具備美學素養以後，應該更有助於對美感教育計畫的帶動和推展？

　　我跟各位報告，其實在教育的現場，我發現領導者的確在美學的素養上面，有很多是需要再補強的，這點我非常有感受。在過去的時候，我跟明地老師，我們每個學期經常都會到各個學校去做高中評鑑，或者是國中、小學評鑑，我有一個非常特別的感受。我相信過去的時候，同學們、各位夥伴們，你們一定學到了很多。學校的教育，就課程來講，有所謂的正式課程和潛在課程。潛在課程可以發揮的效用可能是很大的，可是我們過去去看評鑑的學校，有很多讓我們感受

很深刻的事。比如說吃飯的地方——餐廳。同學可以到餐廳吃飯，可是餐廳裡面也許為了清潔、好整理，所以桌面可能是白鐵做的、冰冰冷冷的，很方便擦拭，但是功能有了，可是那個 feeling 不對！那個 feeling，那種感覺，就是差了一點。我們的孩子、我們的老師在這樣的餐廳吃飯，潛在課程——環境，有沒有讓大家很愉悅很感動？或者是說大家就覺得它僅是個吃飯的地方。我們孩子耳濡目染，他可能對環境的氛圍，這個美對心靈的涵化部分，他可能就沒有那麼注重。我們去看同學的宿舍，有的同學住在學校的宿舍，對升學非常努力、很拼，可是你去看他的宿舍的時候，你會發現什麼？住是可以，但是周邊同學讀書的環境，根本沒有什麼樣特別細膩地去做一些安排，產生一種情境的美感，然後讓人感動。

所以我的感受就非常的深刻，我在這邊給大家看幾張令我感受很深刻的學校照片〔省略〕，其實有很多，只是一時沒有辦法給各位看太多。你們覺得這像是一所正在上課的學校嗎？看了這些照片，你們看完有什麼感受？看這張照片〔省略〕，這是一所學校的樓梯，大家每天都在上上下下經過的一個樓梯，油漆脫落斑駁，如果你每天都在這裡經過，你會有什麼感受？OK，我跟各位夥伴講，這個是在某縣市，某一所非常有名的學校的實際場景。有一次某縣市校長甄試，邀請我跟幾位老師命題。我那次出了五個題目，其中一個題目叫「空間美學領導」，學校空間美學的領導。改卷的地方在這所學校的四樓。我不知道我出的問題被選上哪一題，到現場才看到局長勾的是「空間美學領導」的題目。可是那天我走到這個樓梯的時候，我真的很震撼。這是學校每個人都會走過的地方，但是就是這樣的一個環境！你們也許會說：「唉唷，一個學校怎麼可能是這個樣子？」但是這個就是活生生的場景。我在別的縣市的學校也都拍了一些照片，升學很好，但是對校園環境不是很注重。大家現在看到這樣不好的學校環

境，會覺得不舒服。不是故意的對不對？我跟各位報告，大家一定會想到經費，可能是學校沒有錢去做改造，那就要去向公私部門爭取啊！所以我感受很深。後來我就跟局長講，我改完卷後遇到局長，我就說：「局長，你這個學校的空間美學營造很不好，你要給學校一些錢去做改善。」你們看這些照片，其實我不是當場拍的。我是回來以後我一想感受太深，所以就請一個在該縣市服務的同仁去幫我拍，然後寄回來給我，所以不是刻意去拍的，這是一個很深刻的感受。

所以我們剛剛講過，領導者在領導學校的時候，有一種是物理環境的，一種是心靈的。物理環境的氛圍如果能夠美化，其實對人在工作當中、無形當中會有心理的影響，同時這也是一種境教。我們今天在講美學的時候，要同時考量物理的和心靈的成分，所以顯然的，我們可以說在教育的現場裡，的確美學的視域、美學的思維，可以加入作為學校領導者的一種思考，讓學校的領導的品質，能夠更加的提升。剛剛朱所長也講過，美學的視域、哲學的思維，或者是美感的，或是藝術創作的理論和實務，事實上有很多的東西，跟我們教育是息息相關的。我們如果說能夠多去吸收、接收一些，就可以把美學的思維和視域，納入到學校領導的思考或做決策、對環境的營造，這樣可以拓展學校領導者的思維，有助於提升領導的品質，也有助於去創造學校領導的成效。這個是我在開始的時候，跟各位作的報告。

那接下來，我們來看看這幾張照片〔省略〕，大家覺得這東西好不好吃？來自生活上的對不對？這幾張大家看看，小狗可不可愛？你們覺得好喜歡？在座喜歡的請舉手。這小朋友有沒有好可愛，很純真、特別的惹人喜愛。這個沙西米看起來好好吃。這朵花呢？我們再來看看，這個是什麼？在我們日常生活當中的環境，這個美嗎？我們在中正大學校園裡一定也會看到很多漂亮的蟬，你留意一下就會看到。這隻蝴蝶色彩非常的絢爛對不對？這個是山上美麗的晨光，是在

國外拍的景致。這些呢？這些是草間彌生和幾米的藝術作品，他們創作的東西被用在生活化，做裝置藝術，或者是這邊像這個鞋子的圖案，創造了很多的功用。然後這個是綠能的空間，空間的一種美學營造。我利用這幾張照片，我要問在座的大家一個問題，就是說大家發現這些美的東西，你覺得喜不喜歡？「喜歡」。那喜歡的時候，你可以發現這些東西散布在哪裡？生活的各個場域裡面。所以同學們或各位夥伴們，你可以發現美的東西就散布在我們的生活周遭，如果我們能夠去感受、去發現生活周遭的美，那我們是不是能夠讓自己覺得好喜悅、好感動？「美」剛剛講的會讓人家覺得好喜悅、好有迴響，有共鳴、有幸福感。

　　學校裡面，有沒有到處都存在著，潛在可以讓大家發現很美的地方？剛剛我們看到小孩子很可愛，你們在校園裡有沒有發現，校園裡面有什麼特別讓你非常喜悅、很感動的地方？剛剛在細雨紛飛的時候，我來到中正大學，我覺得中正大學好美，就逛到「高師亭」那邊。那個涼亭前面可以看到一片草原，上面還有詩。你們有沒有看到那首詩？那首詩的內容表達了濃濃情意，大意是說這裡面有很多高師聚集在這裡，歡迎很多學有所得的高師來這裡。所以生活當中有很多美。領導者要去感受，感受到美，你每天都會好愉悅。你心情好、很愉悅、很感動的時候，會不會傳染給同仁？你心情好，覺得愉悅，你可能就會傳染給同仁。這是美的感受力，你去感受、去發現，到處都有美的事物。除了你自己的感受，你也可以引導你的同仁、你的同學去發現，這個叫做發現教學法、探究教學法或實際體驗教學都可以。去觀察這個東西為什麼你那麼喜歡？它有什麼特質？美在日常生活當中到處都存在，所以我現在要跟大家報告：「美可以做什麼？」我們可以把美跟生活作結合，還有一點，學校領導者可以用美來提升自己和他人，或學校師生、老師同學們的一種生命的品質。生命的品質，

各位夥伴，剛剛我們說美是遍布周遭無所不在的。美是各種事物元素的組合，很恰當、很令人感到愉悅。它是一種可以令人感到愉悅或感動的 quality，到處都存在的。還有一些像莊子講的，大自然裡面的美有的是表面你看到的，有的是蘊含原理原則在裡面，他說：「天地有大美而不言，四時有明法而不議，萬物有成理而不說。」這裡面是藏有道理的。所以我們現在講美感，美的感受力，第一個意義就是有這麼多無所不在的美，你能夠感受到嗎？感受到的時候，心情就很愉悅，愉悅的時候，可以讓領導者自己的心靈美化、涵化。同時你也可以帶動、影響同仁，這個就是我們剛剛講過的，你心情好、很愉悅，同仁看到你，心情也會好歡喜。

你們每天會看到很多令人快樂的東西。下雨天，哇！下雨天可以欣賞雨中美景。晴天的早上一起來，陽光從那個樹上，你起來的時候，陽光從窗外的樹上照下來，哎呀！好美，今天好 beautiful，It's a beautiful day！心情怎麼樣？你整個人有時會不經意的發現，某一個地方，一朵小草花，非常的細緻，開的顏色是那麼自然、純粹，還有它的鮮綠讓你感到好美，所以生活到處都是感動。在心靈的層次上面，蔣勳講說：「美是生命的一種從容與優雅」，領導者自己身心靈很和諧、很祥和，這種從容、淡定，很自在，能夠冷靜下來去思考，對一個領導者來講是非常重要的。身心靈和諧、很從容自在的時候，領導者內在就會有一種祥和之樂，所以在領導的過程當中，心裡就會很愉悅啊！所以詩人 Keats 說：「A thing of beauty is a joy forever.」你看這個當然是講美的概念，美的東西可以帶給人一種心靈的喜悅。所以接觸美、感受美，可以提升領導者心靈的品質。領導者可以因為他自己感受到美，把心靈的愉悅傳染給同仁，帶給人家一種愉悅的感受，良好的人際互動的一種感受。然後他可以去引導同仁發現生活當中的美、去作探究。大家也會想到：「心美，看什麼東西就美。」現

在不是在流行正向心理學嗎？看問題，盡量從正向。沒有做好的部分就說：「沒有做好才有改善的機會，未來改善有很多的可能跟空間」，我們可以發揮這種讓自己提升生命品質的美的思維，也可以讓同仁感受它。

我為什麼要特別給大家看這本大家很熟悉的，我們敬愛的黃光雄老師的《古希臘的教育哲學家》這本書？事實上，這兩冊書，各位同學們如果有興趣你可以看一下，真的是對我們作教育工作者非常的重要、有幫助。這一本書裡面講到領導者，柏拉圖講到要培養領導者具有四種美：一種是「智慧之美」，領導者要有智慧，智慧就是把知識做有效、恰到好處的應用。然後要「正義、正直之美」，領導者正義、正直重不重要？各位夥伴，很重要對不對。第三，他說領導者要有「勇敢之美」，你說：「黃老師勇敢有什麼了不起？大家都很勇敢啊」，你們一定會知道，學校領導者在跟同仁互動或者要推動行政的事情，不是什麼事情都一定那麼順利。好的決策，大家心裡還沒有準備好的時候，可能會遇到很多的抗拒，甚至於有一些決策可能對學校長遠來講是有幫助的，但是短期間可能有少數人的利益會受到影響，他們會不會做一些抗拒或者是反抗？反抗的時候，領導者要不要勇敢？勇敢去面對問題、解決問題。另外一個也很重要，叫「節制之美」。領導者有權力的時候，很容易因為你有權力做的決策，影響資源的分配和他人的權益，所以應該要懂得謙虛、節制。

各位夥伴，這四種美可能你們聽起來不一定覺得非常的深刻，但是我當了校長以後，我覺得這四種美非常非常的重要，所以我把這本書擺在校長辦公桌的左邊，我有空就翻一下。因為這本書裡面談到領導者的美。剛剛談的那四種美是領導者的「靈魂之美」，除了靈魂之美外，領導者還有一些外在的，剛剛明地老師說是不是很胖？儀態是不是很重要？那個是外在的。譬如他有談到聲望，那是身體之外的

美，就是你領導者是不是建立良好的聲望，為學校帶來良好的聲望，這是領導者很重要的修持。除了外在的，還有靈魂的美。領導者要注意靈魂之美、身體之美跟聲望之美。這些對我們領導者在領導的過程當中，以我個人的體驗，我覺得是很重要的啟發。這是我給各位夥伴帶來第一個部分的分享。

第二個我們來看一些圖片，大家喜不喜歡這些圖片〔省略〕？大家仔細看，因為我們要探討美學可以有很多向度：哲學家的思想、有關美學的理論、創作的理論，或者是理論裡面有美學的內涵，或者是生活中含有的美。我一直在想用一個比較簡單，跟大家生活比較有接觸的部分，來找到美的特質然後導入應用，不要離自己的生活太遠。大家先仔細地看看這些東西，你覺得這些東西美嗎？等一下如果你覺得美，跟黃老師講：「你為什麼覺得它美？」看這個圖片，這杯啤酒好不好喝？這個椅子美嗎？這是臺灣很有名的設計。這些是各種不同類型的書法，有楷書、隸書、行書、草書。這個是很有名的畫，印象畫派，梵谷的星空，這個是夏卡爾的、畢卡索的畫。這邊是很多雕刻，我沒有辦法給大家看太多，因為時間很有限。大家看了這些圖片，可不可以告訴黃老師說：「你們發現了美的東西，具備什麼特質？」大家就所看到的講，大家有沒有發現些什麼東西？「規律」，很有規律、很有系統。大家發現因為美感有美的感受力，要去發現它，我們就說它因為很有規律、排列很有規則，所以讓人家感到美。還有呢？「對比」，色彩對比很強，而且有沒有恰到好處？恰到好處喔！如果它對比很強到沒有恰到好處，讓你覺得不舒服就沒有美了。那還有什麼？「平衡、對稱」！還有呢？大家還發現什麼？「角度很有關係」。還有呢？「空間的處理」，除了它自己之外，還有空間也有關係。還有呢？大家一定會發現，那個椅子為什麼你會喜歡它？你說它為什麼會讓你喜歡？流線非常順暢，打破一般的設計對不對？這

裡有沒有 quality 的東西在裡面，還有想到什麼？大家有沒有看到它的編織不但流暢，而且上面富有光澤，你看了會喜歡它的原因是什麼？很流暢，還有沒有？很動態的感覺，還有沒有？符合人體的工學，還有？各位同學們、各位夥伴，你還發現什麼？

各位夥伴，我們知道美的東西會令人產生愉悅，我們希望說領導的時候能夠掌握這些美的特質，也能夠傳遞會令人喜悅、引起迴響的特質。所以我們領導的時候，從美的角度來看，它應該要有一些美的特質、特徵，在領導的展現、計畫、觀念或作為上面。到底這些美的東西裡面，我們能去看看它有些什麼樣的特質，我請問各位它是不是每一個作品自己本身，一定是一個很完整的東西？就是它的 unity，它自己本身就是一個完整的東西對不對？很 unity 的，反正它就是一個完整的一個作品。它對稱均衡，不管是怎樣的一個排列，會讓你有漸層平衡、均衡的感覺。它是不是很細緻？會不會很粗糙？比如說我現在用粗糙之美，那粗糙之美的「粗糙」，一定是經過修飾或是汰蕪存菁的粗糙，這也是一種精緻。所以我要跟大家來看的是，我們從美的東西去歸納它的特質，或美的定義裡面，我們可以去發現美的東西，事實上它有一些特質，比如說它是統整的、unity —— 有機的整合，或者是它對稱、均衡、線條流暢，這些都是很和諧的，大家有沒有覺得它很精緻？大家剛剛看到各種不同的美的東西，個個都有它的獨特性，可以看到它有它自己獨特的特徵，各種樣態都有，大家都觀察到了。另外，在哲學的探討可能會說：「美是一種自由自治的符號」，剛剛講到美是一種善，等一下我再來跟各位報告。

我現在就要跟各位夥伴來聊一下，因為時間比較短，我們就稍微快速一下。在領導的理論裡面，比如說康德講：「美是事物合其內在目的性的形式」，這個很抽象對不對？哲學家有時候很聰明，想了很多卻用一、兩句話表達。這個像我們朱所長也是這樣。那是智慧的結

晶！這是不是看起來就很抽象，那我現在請問各位夥伴，學校領導有沒有內在目的性？領導一定是領導者去整合內外在資源，凝聚同仁的心力、達成組織可欲的理想，渴望的目標。剛剛講成人之美，如果一個領導的作為朝向這方面，然後適切達成，這是符合領導的內在目的性。如果校長領導的時候，偏離這個，那就沒有符合領導的內在目的性。這個事實上就是從 unity 來看。明地老師有非常重要的譯作《學校領導——平衡邏輯與藝術》，這裡面有沒有平衡和諧的東西在？你們一定唸過 Robert Quinn 的競值理論模式，強調內在、外在穩定變遷的動態平衡。所以我們很多理論都有美的質素。同學們有讀過《老子》，最近我寫的一篇文章，就是從這裡面出來，談虛實有無同構。「虛實」看得到、看不到的東西，它是有互相同構的特質在。所以這裡面，他有講：「三十輻共一轂，當其無，有車之用。」你看看，這個輪胎這麼多的輪軸，裡面這個一定要有一個空的地方，要挖空輪軸才能插進去，車子才能被帶動走。所以全部都「實」不行，還要有「空」，空下來才會有空間，所以虛實同構。現在我們在這個教室空間裡面，如果中間沒有挖這個空，還有旁邊的牆壁，我們就沒有辦法坐在這裡，大家來享受、漫談或思考美學的東西。

這個虛實同構，基本上也是一種 unity，也是一種和諧。我現在很簡單的跟大家講，就是領導不管是系統理論，或是學校的決策，應該都是它相關聯的因素，你必須要一併去考量，否則可能是「頭痛醫頭，腳痛醫腳」。或者是你要推動一個變革，你這個地方考慮到了，那個地方沒有考慮到，然後他就沒有構成 unity、系統性的思考，造成不和諧，然後它就產生問題了，大家可以從這裡面簡要的來理解。

我要再回過頭來跟各位很簡單的講，和諧是不是一定都是沒有什麼問題才叫做和諧？有一些是對立統一，像中國的陰陽變動就是這一種。和諧在領導裡面，可以用的有很多，譬如說你的目的是這樣，你

的作為跟它一致，這是不是叫和諧？外在環境變遷，學校要做決策，要跟外在環境的變遷能夠做有效的契合，這個是不是和諧？這個是和諧。你學校要推動一個理念，各單位大家溝通，大家有共識了，這也是一種和諧。所以我們可以說這個和諧的概念，事實上遍布在領導的各種作為跟決策的思維裡面，它就是一種美的特徵，你能夠兼顧到它，考量情境因素做到恰當就是美。你看社會環境變遷，學校同仁有其需求，結果校長帶領同仁做了一個決策，剛好可以解決大家的問題、滿足大家的需求，大家都好感動。當然我們還會考慮到，剛剛為什麼提及美學裡面還有一個善很重要呢？滿足大家的需求，是不是一定會符合剛剛的領導合目的性。有些時候要考量對不對，現在我們就講說，薪水比較多一點，但是事情少一點，老師可能好多都贊成。但是可能執行上不一定對同學有利，所以後面這個善、這個價值，教育和目的價值性這些東西就很重要，等一下我們再來談。

　　我剛剛這樣說明，大家可以稍微理解了一點？接下來精緻重不重要？我們在講行政品質 quality，你教學品質好不好是不是一種精緻？校長請你寫個計畫，你的計畫是不是內在很有內涵，然後內外在都很精緻？好的行政服務品質，我們帶領同仁去做，處處都在考驗你的細膩，你做的是不是很細膩？你的品質是不是很精緻？這個就是領導的品質！實踐的品質，你帶領你的同仁，自己本身在做決策的思考，是不是考慮得很周全？做的時候很恰到好處？這些都是精緻。

　　我覺得我們現在學校裡面的行政，校長要去帶領同仁，不管是自己的決策，或者是帶領同仁要做的服務，本身都要朝向精緻化。剛剛我們看到美的東西都是怎麼樣？同樣一個產品，如果你做的沒有去蕪存菁，沒有能夠保證品質的時候，大家不會那麼感動！剛才看到我們那個椅子，大家看到那個流暢線條，如果它是裡面粗粗的，色彩沒有弄好，你也不會覺得好喜歡。我們會看到各種不同的美，都有它自己

美的特徵，所以美的獨特另外也顯示美的多樣性。我有自己獨特的美、恰到好處的美，這個不就是我們領導一直在講的多樣、自主、創新的部分嗎？這裡面有很重要就是，校長可以帶領同仁一起去發現學校裡的各種不同的美，將它那個獨特性加以彰顯、去讓它受肯定，朝這方面去創造，它就會有獨特性，這裡面我們可以談很多。

接下來我要跟大家談美的自由自主性。這個比較抽象，但是有它的重要性。我們來看康德講這個審美的判斷，剛剛朱所長講了，一定要 apply（應用）美學的理論嗎？一定要用某種現實的利害關係去加以評斷嗎？他談的裡面有一個東西說，審美的判斷基本上可以比較是朝自由自主方向，美的感受者自己本身跟作品去對話，然後跳脫這些理論的框架，直接去發現是不是哪些東西讓你感動。我們每一個人普遍都有這種能力，可以跟各種不同的作品去做對話，這個也很重要對不對？就是讓大家開啟一種思維：美的東西都有其特質，而審美不一定要懂非常高深的理論，或者是 apply（應用）什麼樣的深刻的學理，你才能做。其實每一個人，如果你能 apply（應用）學理，當然你可以欣賞美，但是事實上摒除這些，然後直接跟作品接觸，這個時候你也會感受到美。席勒講：「美是一種自由自主的符號。」審美判斷可以是不受利害、理論、概念限制的。

我再跟各位報告，我這邊想要談的很多，但時間有限不大好掌控。不過這本書《美學的面向：藝術與革命》，大家有空的時候可以翻一翻，它講藝術本身的特質。革命就是藝術的先驗性，先驗的條件，藝術本身有一種革命的先驗條件。所以藝術作為一種革命，就是顛覆既有的經驗、或是現實的法則。所以我們從這裡就可以看到它不斷的尋求突破框架和創新的物質！另外，亞里斯多德講美是一種善，美之所以令人感動，正因為它是一種善。這個所談的就是說，你的作為外表展現美，獲得迴響時，背後還必須要有一個好的一種出發點。

所以合倫理的、合目的性，這個很重要，因為美也可能會被當成操控性的工作使用。但是這裡並不是講美就是等於善，有的以善出發但不一定是很美的。你看到我們這一張圖〔省略〕，那個就是媽媽對小孩子很有愛心出於善意的管教，雖然是這樣，但是媽媽跟孩子都處得不是很愉快，顯然你有善意若要符合美的時候，還需要符合一些美的剛剛講的條件。

我現在要再用一張圖〔省略〕來跟各位報告，這裡面每一張圖都可以講很多，我現在只講這一張。我每次在講美學的時候，我喜歡用這張。這一張圖中的書法作品掛在我的校長室，一進去的時候，正面就會看到它。大家看到這兩個字是什麼意思？「至達」！你們想到至達的時候，想到什麼？這字義上面你們有沒有什麼感受？至聖先師的至，那是一個篆書，大家想到什麼？「至達」，什麼叫至達？很通達對不對，就是達到一種非常闊然，非常通達的一種境界！一種狀態！一個書法家他寫這幅字給我的時候，我那時候還沒有當校長，但是他寫給我這幅字的時候，當然一個是書法的線條，跟他空間的這種布局之美，那是一種型態，「型態之美」。這是你們剛看到的，但是這一幅字其實最令我震撼，或讓我產生很大的迴響跟共鳴的，各位夥伴，不是只在這字面上的書法的美，而是它書寫上蘊藏的深刻意涵。你有發現它有不一樣的地方嗎？有什麼不一樣的地方？「走字旁沒有一撇。」還有呢？大家有發現什麼？something different？「像一幅畫！」其實你直接去直觀，透過一種直觀去感受，這一幅字對我來說，當時我看了非常震撼，這幅字讓我非常震撼的原因是什麼？各位夥伴、各位同學，書法家寫字的時候，都是在宣紙裡面去運籌帷幄，去書寫筆畫的節奏、律動和布局，這是一種一般人書寫的型態對不對？但是這幅字，他第一筆從紙張的外面寫進來，那是什麼意思？「跳出框架」，對！

所以美學的一個非常重要的東西，是叫我們怎麼樣？突破框架！所以你要至達的時候，你要突破框架，不要受太多的理論給你拘限，你才能夠真正達到通達，所以你一定要突破框架！那你說黃老師你自己本身自我感受良好，當然很深刻。我跟各位做報告，這一幅字，這個書法家他怕我看不懂他寫的東西，他就在這裡面蓋了一個小的章，有沒有看到？那四個字寫什麼你知道嗎？叫做「超之象外」，超～超，之～之於，象就是大象的象！超之象外是什麼意思？你要通達，你要能夠突破觀點，你就不要被現實的狀況，或現象所拘束。不要被現狀的東西拘泥，你要突破它做一些不一樣的思考！這對領導者是不是非常的重要？

　　領導者基本上都是在現有的條件限制之下，你要推動一些不一樣的制度或改革，是不是要突破既有的現狀去思考？這不大容易，但這至少是一個觀念，美學帶給我們的一個非常重要的觀念上的指引。因為時間上的關係，我再用兩張圖〔省略〕來給大家講一點小故事。這張是印象畫派莫內的畫作。在莫內之前的畫，大都是畫宮廷或宗教信仰。他則跑到田野裡面去了，他想捕捉自然的光影。所以在 1870 年代，莫內剛開始的時候，他的作品去參加法國沙龍展覽，有沒有被接受？被排斥！還有一幅〈日出・印象〉，他最初的〈日出・印象〉，被很多藝評家批判得一文不值。可是他走到了日常生活中的田園，他捕捉光影，到現在大家都知道莫內是世界上非常有名的畫家，一個畫作拿去拍賣可能都是上億、幾十億的價錢。他跟之前的畫家不一樣，在當時可能被排斥，但是他基本上是非常寫實的、有特色的捕捉住光影。大家有沒有看到這張梵谷的〈星夜〉，我們看到的星空跟他有什麼不一樣？他也有寫實，但星空真的是這樣嗎？到這個時候，是後期印象派了，他認為一個畫家看到的東西，可以加入自己想像性的元素，這有沒有突破？跟原來的不一樣？所以每一次他畫作的時候，都

是在突破傳統的框架，他創造了一個不同的 style，他的畫作本身有其精緻的特性，誰都不能取代的！

在美學裡面有很多的創作突破現狀、充滿想像，現在我們就來看看，我們來講夏卡爾這張生日畫。他的妻子生日的時候，他送給她一束花，兩個人就高興的飛上來。這個是地毯、這個花，有沒有充滿很多的想像？大家會送花給女朋友、親愛的人，大家都在送，可是他這個畫作表示出另外一種氛圍，不但是溫馨喜悅，那種飛揚的感覺，讓你有很多的想像。所以藝術創作在美學裡面有一個很重要的特質，就是不斷的透過想像，還有觀察以後，你可以加入自己的一些想法，不一樣的創造，然後變成獨特的一種風格。這個想像就是屬於你的一個非常珍貴的元素。

各位夥伴講到這裡，你會不會覺得說領導者，不管是校長、老師、或者是社群的領導者，如果你把這些概念應用到領導特質的時候，你就會去想像，我要做一些現在沒有的。剛剛講的想像，還沒有出現之前很多是「虛」的，或者還沒有具體出現的，這是個「無」！引號的「無」裡面，其實是有很多可能性、很多的機會、很多的空間可以讓你去創造。所以在藝術作品裡面，它經常不僅僅是表面的繪畫、音樂或其他作品的美的展現，這些作品背後還有深遠的意涵，或者是它深刻的道理，展現在那，讓你去感受。它有存在這種可能性讓你去感受，主要能讓你感動、讓你覺得 meaningful，事實上對你就產生影響。這個當然可以談很多，因為時間的關係我就談到這裡。

剛剛是講美的內在特質，美還有一些外在的特質。譬如說「層級性」。剛開始可能不美，但是可不可以修煉？可以。領導者也是這樣。剛開始領導技巧可能沒有那麼自然，沒有能夠面面俱到，可是可以慢慢修煉。我們今天講領導美學視域這樣就有意思了，很多樣、不同的形態。所以我不一定要跟你一樣，有社會文化性或主觀的一些判

斷。你要引起共鳴，要不要考慮文化或個別差異？要！我們要從主觀裡面去找到一種美的客觀，跟大家能接受的東西。還有，美可以傳遞。可不可以用來做教育？可以。它有一些功效，它也可以不斷的創造，這裡面我們可以談很多，這個部分我就不再多談。

接著我要跟大家談的是美學的境界，就是你能夠「澄懷觀道」。也就是你能靜下心來去感受到事情的美，以及其道理。你在學校的作為上面能夠「道法自然，和合而創生」。這個很抽象，我很扼要的跟各位舉個例子來講，你在推動學校各種組織變革，當然一定不可能沒有去做一些不一樣的東西，可是可不可以讓它生活化？我們在座的明地教授在講領導，最後一定會講組織的文化或制度。美的制度、美的文化，一個好的制度可能讓這個組織能夠運作，同時這個制度裡面可能蘊含有公正性，這個制度裡面可能有促進性的東西在那裡。你訂了一個好的制度，在日常生活中運行，而美的概念就在那裡，所以美變成是一種生活化的內涵。這個地方做得好，那個地方做得好，其他的地方也做得好，你們有沒有想到你們唸的「第五級領導」？到最後不是有一個「飛輪效應」！這個動能不斷的產生和累積成效，所以領導者當然是很從容、很自在的。他雖然從容自在，但是他的領導思維已跟同仁共同建構在日常的實踐，讓組織形成促進性的動力，在他的學校制度、在他的學校文化裡面，各就各位的在那邊運行，很自然的運行、生活化，這就是領導美學的一種境界。

這裡我很快地帶過，事實上我今天要跟各位講的，就是領導者可以用「理念美」去感動，或者是引起迴響。你們看這些照片，這裡面有很多的人，每個都有很崇高或令人感動的理念，像林肯、甘地、證嚴、馬偕、陳樹菊都是。不一定是要很有名的。這裡面的關鍵就是說他擁有一種思考，或者他的想法跟人家不一樣，而且令人感動。這些人物每個人都可以講一些故事。林肯解放黑奴就是人權的平等，這個

就不用講。甘地是要脫離殖民地，採取不流血的、不合作的運動。我桌上放了一塊「慈悲的腳印」的 CD。講證嚴法師有一個「慈悲的腳印」的故事，講當時她發跡的故事。就是說她有一次要到醫院去看她一個道友，結果在那個醫院地上看到一灘血，大家有沒有人知道這個故事？「沒有」。她看到一灘血的時候，就問人說：「爲什麼有一灘血？」結果人家告訴她說，有一個原住民的孕婦，因爲有一點流產、流血，好不容易從山上送到這個醫院，但是當時的醫院需要什麼？保證金。她繳不起這個保證金，又被送回去了。證嚴描述說她回去的時候，一直覺得說這個孕婦後來到底生了或死了，到底是怎麼樣？她就哭了！她就發起一個願，希望集中力量能夠來幫助一些人。所以她就發起一人去買菜一天丟五毛錢做捐助，這就是她的願！她當時發的願。那時還有的人跟她講說：「師父，這樣一個月加起來十五塊，我不要一次每天都五毛錢，十五塊一個月來算，我就捐十五塊。」師父說：「不要，不要這樣」，爲什麼？她要讓你每天都有一個善念觸發，要去幫忙人家。一百人就有兩百隻手，兩百個支援，這些千百隻手、千隻手、萬隻手伸出支援的時候，力量就擴散到世界。去看到人間需要幫助的地方，大家集合一點小的力量，成爲一個大的力量來協助人，很令人感動！這是一種理念美的實踐。陳樹菊的故事大家都了解。

　　現在剩下一點點時間，我來跟大家報告，你有機會當領導者的時候，美學你怎麼用？前面已談到物理的、心理的美學經營。我們今天能夠講到哪裡就講到哪裡，我稍微來一個有關通識中心主任的聘任故事。我覺得大學在專業這個部分非常重要，我不知道各位的看法，這是我個人的思考；但是現在的孩子，因爲少子化還有家庭成長的因素，很多小孩子很會唸書，但是不一定在心靈上、人際互動上的品質顧得很好。我們發現一個人的價值觀，善的價值觀 value，其實對於

一生幸福非常重要。可是在社會上你看到現在的報紙或很多的事情，所報導的會讓你覺得失望。比如說有小孩子跟媽媽要錢，要不到就打媽媽，甚至砍媽媽的；兄弟為了財產，過年的時候，弟弟把哥哥砍死了。在大學裡面，我們看到一些同學談戀愛，好愛那個人，但是當人家不愛的時候，怎麼樣？把人家潑硫酸、弄死的都有。大學教的不是只有在專業，還有是對生命的尊重，對自己和他人幸福的關懷。我們看到很多大企業規模已經入世界排名，臺灣的企業排了前幾名，或老闆已經幾千億資產，但是他還是在汙染環境，為了賺錢來汙染環境。他已經有幾千億資產了，可是還賣對老百姓有危害的食品。這是觀念、價值觀的問題。所以我跟各位講，我認為一個人的心性非常重要。大學裡面通識教育這一塊，就是在教這些。這些事件的價值觀讓孩子多一些接觸和思考，所以我覺得通識中心非常重要。有這樣的理念你要聘一個非常合適的，像我們朱所長這種很好的人來做通識教育。所以要物色人才，領導者很重要就是找對的人。結果我物色到一個人社學院的教授，找她喝咖啡，跟她說：「請你喝杯咖啡，聊一聊，我覺得通識教育很重要，想要請你來幫忙當通識中心主任」，「校長，不行耶！我已經安排好了，我暑假要出國四十二天都排好了，而且我跟我的指導教授要做研究，不行！」那你怎麼辦？我就用剛剛談的那些跟她講。我說你當通識中心主任，通識教育的講座、課程，你可以安排和聘請老師。你當這個通識主任也不是永遠都在當，但是這個職位非常重要，你是一個很有心的教育家，這剛好是一個場域，可以讓你來發揮，對孩子有幫助，是不是你再考慮一下？我跟她喝咖啡聊了三個小時，談了很多社會的問題，最後她說：「校長那你可不可以讓我回去再想一想？」我當然一定讓她回去想嘛！再來我就找她喝另一次咖啡談一談，她最後答應了。答應的時候，就是因為她認同這個理念。所以她在通識教育、通識講座的時候就聘請各類型

的，包括年輕的講者。比如說有請到曾到印緬邊界做國際志工，具有特殊經驗的講者，來跟孩子分享很多的經驗。每次通識講座的時候，如果講者有出版專書，她還會自己掏腰包買來幾本，說：「這個大家注意聽，有獎徵答，聽講能記得重要內容或心得寫得好的，贈送講師的專書。」我看她那個主管的加給可能都花光了。感動！我自從聘了她以後，兩年多來對通識中心的工作，我都不太需要費心。

我要跟各位報告，我們每個學校都很注重推動研究和教學。現在社會雖然進步了，但是學校裡面一定有很多困頓的孩子。很多申請助學貸款，或者是急難救助，學校都有給一些幫忙。但是在這些同學當中，還是有特殊境遇的學生。特殊境遇的學生是什麼？我跟各位解釋一下，可能沒有爸爸媽媽，但是也許爸爸留了一棟破舊的房子，所以他沒有辦法申請中低收入戶。有一個孩子，我跟各位說明，他有兩個兄妹，但是他沒有爸爸、媽媽，跟舅舅住在一起。舅舅自己有兩個孩子，舅舅又沒有很好的職業，所以他讀書要一直貸款、打工。還有我相信我們中正大學裡面，也可能有同學是單親或者雙親俱在，但是得了重病，如嚴重的癌症沒有辦法工作。爸爸在，但是媽媽可能往生了，或者不知去哪裡了；爸爸嚴重的脊椎側彎，沒有辦法工作，他的家庭困頓，他在求學的時候必須要打工。這一類的同學，困頓也是一種教育。我接任校長時，我在想我可以為同學做什麼有益的事情？我要幫助這些境遇特殊困難的孩子，所以我就訂了一個叫做「攜手點燈、品學兼優」的計畫。我的願望就是全校所有的同學，只要符合這一類，就引進社會的資源，讓善心人士、企業家或有心的人士來幫助他們，每個學期獎助他兩萬五千元，我們提供他兩萬五，然後裡面給他生活費再加也都沒關係，但是基本上就是每個學期給他兩萬五。只要他的學業成績維持在 80 分以上，品德優良，就一直資助到畢業。全校所有的學生從導師那邊篩選出來，剛開始提了十幾名出來，因為

導師知道學生有這種情形，那你這個錢要從哪裡來？我剛開始當校長對募款還沒有很大的信心，沒有想到有一天，我跟一個國中同學在聊天，他說：「校長同學，你現在很忙吧！」我說，我是真的很忙碌，但是我可以做一些事情，我現在正想做攜手點燈助學計畫。他講一講覺得因為他已經在社會上做一點事，他有賺到一些錢，他說：「好，我認養兩個」，認養兩個。他認養完了以後，又去介紹他的好朋友來認養，結果我一個暑假的時間，把老師提出來的那十幾個名額的款項都募到了，臺灣的社會就是非常令人感動，很多人很有心。

　　我再跟各位報告，美就是一種感動！為了怕標記，我跟學生說這是品學兼優的獎學金；第二個我告訴學生，每個學期末都要給捐助者寫一個卡片，問候一下過節、新年快樂，說我這個學期，學習狀況是怎麼樣。第一個學期完了後，我請兩個同仁，一個我的祕書還有一個學務處的同仁來幫忙。請他們先看一下同學寫的卡片，同學雖然有心，有時寫的不一定很恰當，我們要品質！quality！同仁看了沒問題才寄。第一次寄出去的時候，有個董事長看到孩子的信時，跟我講說他好感動，他太太也很感動，他寫信跟我說，校長我再認養三個。你看你有沒有看到那個感動？那個美的感動。前面是我們的理念，再來是我們的孩子表達恰當，透過文字表達，讓人家產生了感動，所以到現在全校有 29 個家庭困頓的孩子，都有人認養。最近還有人主動說要認養，這都是你原來想不到的。所以領導者可以做很多事情，是超越你自己力量所及，因為你把很多力量凝聚起來。這是一個很大的啟發，很大的啟發。

　　我再跟各位報告教師教學，我有一個很簡單的想法，教學創新是每個老師都要努力的，但是如果你能夠用鼓勵性質，讓一個老師願意在教學上去做一點不一樣的思考，我做個 assumption，這潛在對孩子一定有幫助。所以我就想說教學創新要讓老師普遍性的去努力，我就

去募款，有人覺得這有意義就捐款給學校。現在學校成立了一個「教師教學創新方案基金」，每個學期獎勵 20 個老師。我們有 231 個老師，我們編制是 240，每個學期獎勵 20 個老師，一年就有 40 個，幾乎是占學校教師的六分之一。我相信一年、兩年以後，學校可能就有超過三分之一，甚至一半的老師有領這個獎。我的作法很簡單，第一，老師教學提出來我這個課程，這個學期預定有什麼教學創新。教務處有一個審查委員會，初審通過以後就給他五千塊的獎勵金。然後老師去準備課程，教了一個學期，他一定有很多創新的，比如說程式設計、數學的教學或詩歌，一定有不一樣的地方，到期末的時候，老師用 A4 寫出來他做了什麼創新。他來 present 十分鐘，給校內外委員聽聽看他做了什麼創新。我們從中給他評金質獎、銀質獎、銅質獎。給他三萬、兩萬、一萬獎金，這是物質的獎勵。在校慶的時候，我們分別頒給老師一個教學創新金質獎、銀質獎、銅質獎的 homor，同時跟他的升等和教學評鑑連結。結果我都沒有想到，很多事情你用心去做以後，會發現有意想不到的效果。有很多老師來參與，包括系主任。有的老師說我雖然要退休了，但是我還是來嘗試創新。今年第一次，就是上學期的時候，老師在 present 的時候，我就從頭坐到尾去聽。我自己覺得感動，被老師感動！因為老師他來參與這個，他都想要有點不一樣的。你知道這些老師都很厲害，他想的東西會讓你耳目一新。有一個在明年就要退休的老師說：「我就是來參加，我盡力了」，你看產生了很多意想不到的效果，這個我覺得是理念美的實踐。

最後我再占用一點點時間，我覺得另外一個理念，是我覺得學校裡面，我們能做的就是以學生為主體。所以我從宿舍、餐廳、中山體育館，然後圖書館，這些與同學生活相關的逐一改造。我一方面用公款，一方面去募款。所以我跟各位報告，我上來的時候，兩年就把孩

子的寢具全部換新，現在宿舍的床板、牆壁都刷過、都新的，同學們覺得好高興。這張圖是我們的餐廳，原來的時候比較昏暗！你會問說：「黃老師你怎麼有這樣的想法啊，你做這個為什麼？」我跟各位報告，就是有點不太一樣的想法，希望餐廳同學吃飯時有 FU 一點！但是你不是學美術的，總務處的人，你讓他換椅子，他馬上就換好，但是不一定美。所以這裡面我就加一樣東西，我請視設系學美術的主任加進來，跟餐廳老闆、學生會還有總務處的人員，一起來討論這個餐廳裡面要做什麼。最後把舊的天花板拆掉，空間上裝了美術燈，還有換了具有質感的桌椅。這張圖是改造後的中山館，這個是用社會資源，有個社會善心人士從地板、從牆壁，整個全部做好再捐給學校。他一個理念很簡單，他說我捐給學校跟我繳稅給國家比較，我繳稅給國家，我不知道國家拿去做什麼，但是我捐給學校，可以看到每天有一大群的人在做運動，很有價值。這張圖是臺南大學現在的圖書館，我花了兩年時間，找美術系的老師、總務處同仁、還有學生會參與，把這個圖書館的空間做了美化。館長跟我說，現在改造完了以後，進館的人增加很多。我一個假設很簡單，即使同學到圖書館去睡覺都OK，為什麼？他睡醒也會去看一些東西，給大家做參考。

　　這裡面有不一樣的，就是你有想法，還需要專業。所以我都是找專業的人進來參與，然後行政上整個精緻的去考量。我覺得現在好多同學都非常喜歡學校。

　　最後，因為超過五分鐘了，不好意思！沒辦法跟大家再多說一點。但是我要強調的，不是每一個你有用美學理念去推展的學校行政工作，就一定能夠順暢。一定有很多人觀點不同，但是你要有熱情，勇敢去面對問題和改善，去完成具有意義性的目標與使命。這裡面可以講很多故事，時間上沒有辦法。總之就是要完成一件有意義的事情，有些時候需要持續，有韌性、熱情的，不斷的去努力，領導者需

要這樣，這是美學的精神性。最後我覺得可以用美學思維來美化心靈，拓展領導的視域，提升領導的品質和成效；更重要的是我要跟各位報告「人人可為」，每一個人都喜歡美嘛！剛開始也許不一定做好，但是我們可以修煉，讓它更好。它不一定能夠解決所有的問題，但是可以幫助我們美化心靈，拓展視域，提升領導的品質。我就跟大家分享到這裡，謝謝大家！

6

教師的深度學習
——以共同體的學習為例

歐用生教授
前國立臺北教育大學名譽教授

講演時間：2018 年 10 月 4 日
講演地點：臺北市立大學教育學系

　　很高興啊，因為現在我老人家沒在讀冊，閒時，很早就睡了，今天就不能睡了。很高興來到這邊和大家學習，很好。我今天的題目很簡單，「教師的深度學習——以共同體的學習為例」，看看老師們在學習共同體之中發生什麼問題。但是我先說明一下，我到別的地方講這個題目，講到最後都有一點狼狽而逃，為什麼？就是老師很不喜歡學生常說「沒有啊！沒有啊！哪有，哪有？」然後，我這個人又很白目，我就是說那一句話：「哪有哪有」，就是問題，老師都膨龜，最後都不歡而散，所以今天我們先講在先，我們是在學習，如果有得罪大家，就請各位不要記在心上。這個老人家講話，六十五歲、七十歲以上的老人家講話是不被承認的。所以你們就不要記也沒有關係，大家愉快的學習就好。我想我們學習共同體已經在臺灣推動了六年，但

是成果沒有。我今天要講學習，有個很重要的人物，就是人家訪問他的——「一生最大的財富就是學習」——企業家張忠謀都在學習，企業必須學習才會進步，吳寶春都在學習，學習才是永遠的，人都要學習，而且他認為人要歸零學習，這個很重要。

老師的學習就是沒有歸零，所以老師就只有學到一半，歸零就是重新來，這個歸零學習很重要。但是問題來了，教育學者 Michael Fuzen 說：「學校是學習的地方，卻比任何企業更不願學習。」這是教育界很有名的一句話。你看企業都在學習，教育都需要學習。你看學校，就是學的校，就是學習，在學嘛！但是我們的老師卻比企業的員工更不想學習，主要的原因是，是我教你學習，是我在教你學習。你在學習，我不用學習。很有名的馬克思主義者 M. Apple 曾說：「學校應該是民主的，但沒有比學校更不民主的地方。」許多老師看到這裡就不太高興了，那各位有人還在笑，沒有關係，其實民主很容易啊。

「學習」「共同體」概念化

臺師大林玉体教授說，民主還不容易，你是民，我是主，就是民主。民主容易嗎？民主容易流於權威，而自己還不知道，以為自己很民主，為什麼我要談這個呢？因為，我們就在為了讓校長、老師都要學習，打開門，「互相漏氣求進步」，所以我們在新的課綱就有規定，這個是我經過很多的努力，突破很多的困難，才被認同，然後放在課綱，校長與每位老師每學年應公開授課乙次，這個我不曉得你們學校是怎麼看待這個事情，我也跟很多的校長談這個問題。他們就說：「啊！我就是什麼都不會，所以才去當校長的」，「啊！今天要我去，我怎麼會教啊！」對啦！你講這句話太好啦！

你就跟老師這樣講就好啦！說我什麼都不會，我就去當校長。在座有沒有校長，有哦！我教得這麼差，我都願意打開門，做觀摩教學給大家看了。你們都教得那麼好，有什麼好怕的。所以我都建議校長，反而要把這個規定做到，就是說我們規定校長公開宣示，學習是我們學校的核心價值。我們大同國小、天母國小要加強學校內老師知識的創新和分享。這是我在任內向大家一起學，我不會，我就向學生學，我就向家長學，我就向老師學。我願意學習，你們校長只要表達態度。很多的校長後來碰到我，告訴我說：「歐老師，這一步不錯哦！」我觀摩教學完，學校老師就沒有人再說話了，校長、主任都上講臺教學了！所以打開門，大家互相學習，別讓大家誤解老師是最不想學習的。

六年前引進學習共同體，親師生共同創造，老師向老師學、向學生學，學生向學生學，家長也一起來，親師生一起學，互相學習，互相聽，互相問，互相學，傳道、授業、解惑也。學習共同體今年第六年，新北市剛開始是我在帶，後來就離開了。

佐藤學，是由佐藤學給我們一個比較的資料，比較日本、韓國、臺灣、印尼、越南幾個國家普及的情形，引導和社群也不錯。我為什麼要強調學習這個部分，這才是學習共同體最重要的地方。以為是學生分組，大家分組，都是發表昨天讀了什麼書，說我們已知的部分，這是發表。最重要是互相探究，大家互相探究，要搭鷹架。這一部分，日、韓、大陸都是兩個圈，臺灣比較差，只有一個圈。然後很重要的是品質的部分，從很多層面來看，臺灣很差，只有三角形。臺灣還有兩個圈，最讓我、讓許多老師意外的是，民主主義這一部分，日、韓兩個圈，比我們落後的東南亞兩個圈，臺灣和中國卻是三角形；我們是不民主的國家嗎？臺灣每個校長說我們是民主的校長、老師說我們是民主的老師，我們要用臺灣的民主來對抗中國大陸的極

權，還被歸類在一起。到底哪裡出了問題？有人問我們的標準是什麼？今天探討的重點在於此，佐藤學說進入教室兩分鐘，已經開始不民主的行為出來，要罵別人之前，先說說自己。

這是研究生幫我做的 T-shirt：「沒發言不准吃飯？」我看到這件衣服覺得好震撼！這句話很權威，我真的有這麼說嗎？我們列入歐語錄，第一條「沒發言不准吃飯？」，第二條是「不生論文就回家生小孩」，我喜歡這一點，你們再去做一件，結果最後沒有做出來。我是歐用生，用功的學生，小孩或是論文你們至少要生一個，我自己也覺得很民主。在學生聽起來，每一句都是很權威的話，民主真的是掛在嘴邊，是行為舉止，是態度嗎？我們自認為是民主的老師，民主的校長，老師思考自己是否真的是民主？會不會是流於：「你是民，我是主。」臺灣的老師拜託你，重新去學習，重新去思考民主主義。佐藤學舉這個例子，老師們聽了比較能接受。以下是我們現場的情形：

> 老師：開始討論五分鐘，按下碼表，滴答作響，會的教不會
> 　　　的哦！
> 老師：請小華代表第一組報告討論結果。
> 老師：報告的很棒，加五分。

你們兩兩或三三討論一下，這裡有什麼問題？這個問題很簡單，哪一位說說看，在這裡你看見什麼？「都是老師在安排學習共同體」，分組學習的實施分組後，教師問究竟有什麼問題，分組討論一下好了！這個問題很簡單，哪一位說說看，在這裡，你看到什麼？都是老師在下指令，都是照著老師安排，由老師決定報告的棒不棒，老師有做教案設計，幾點幾分要做什麼，老師已經採取異質性的分組，都是按照老師的要求，老師指定，會的教不會的，這樣的學習，老師

覺得很棒才是很棒，報告的都是老師指定的，都要符合老師的期望。最後一句，加五分，只能加五分，可不可以加二十分？分數已經固定，老師認為這樣的教學，現在是學生教學生，還是學生教學生，沒轉到學這個字。

今天聽現場同學的自由發言，就比其他場次更好，你們已經看到不是技術上的發言，今天你們的論述已經看見背後的技術，代表你們的學習比較深度。指定小組長小華代表，老師只看見表面的問題，現場同學的論述較為深入有點像教學觀摩，老師之前一定會比較積極準備這堂課。如果是校長去上這門課，學生覺得很新鮮，這門課是經過設計，還有更深入的問題嗎？學習應該是共同繼續的。老師說：「會的教不會的」，應該要繼續，還有小華產出的結果並非大家認定的結果，從這裡我們可以看到這位老師，學習共同體不曉得做幾年，這樣的學習共同是半桶水，沒有翻，也沒有轉，仍是需要教育再翻轉，甚至是後滾翻，是倒退嚕。

這樣的訓練不合乎學習共同體的信念，人人都能學習，沒有小組長、組員的問題，每個人都可以學習，這個才能夠是學習共同體成立。如果還是有人不會，就不是互聽、互聞、互學，基本假定，你要是不會，我讓小組長來教你。所以這個很大的問題，態度的問題，老師沒有歸零，沒有將已知的打平，還是從教的問題，會的教不會的！我覺得是最大的問題，指定一個，良平很棒，當小組長來！帥哥，會的教不會的，在老師心目中已經將學生歸類，教師心目中早已經設定會的和不會的，一定是找一個比較棒的來當小組長，五分鐘之內要提出報告，先想出一套說法，五分鐘要寫在白報紙上，又聽到滴答滴答，心慌意亂，趕快寫下來，自己寫，自己報告，其他人事不關己，有人報告就好。還有沒有人當過小組長，大家都要聽我的，因為我是組長，分配組員下去做，我唸妳寫，其他的人，我觀課的結果，大部

分都是那位老師所說的。這個小組長，就已經知道組內的情形，誰比較聰明，小組長內心已經預藏答案，心中已將同學分類。小英你趕快找答案，你口條很好，負責報告。字寫得好的來寫字，你什麼都不會，負責舉牌。我看到有學生一天下來，舉了三節課的牌。你說，這樣子民主？你寫，什麼都不會，歸類未能重視合作學習，舉牌、分工合作？未能充分發揮個人優勢智慧，一個早上，這個孩子都在舉牌，就舉了三節課的牌，這樣是民主嗎？只有舉牌嗎？這樣學習好嗎？不民主，但是這種方式在臺灣中小學每天在上演，我覺得看了心很痛，尤其是看到這位舉牌的同學，每天這樣學習，不逃學才怪！這是小組長產生的毛病，但是臺灣的老師就是不相信學生，需要一個小組長，很堅持很固執，堅持自己的想法，討論也不用，五分鐘下去巡視，用時間滴滴答答來逼死人！組長心跳得很快，組員也是，這是工業時代效果效率的，沒有把人性放在第一位。

然後會的教不會的，那更是不對，把學習共同體的語言翻過來，不會的要問！這個才是，你覺得不會的，才要問！很多老師就覺得說，這個很難。事實上就是很難！沒錯，因為不會的人就很羞恥，自己的脆弱性，就和大家說不會，所以，我覺得教師教學氣氛的營造，首先老師要自己承認自己的不會、不足，不要像我們前任教育部長說，我是一個不會做錯事的人，人家企業家說我什麼都不會，我來。可是我們的教育部長告訴我們，老師說我不需要學習，因為我不會錯，差別就差在這裡！對不對？真的，所以老師要承認自己的錯，不要像我一樣，等一下，我會講這個故事。

我十五歲就初中畢業，你們都是國中！對不對？良平是國中畢業，那時候還沒有義務教育，所以只有我可以回到初中，良平大概以為，初中就是國中，我們那時候還沒有義務教育，你的年紀不可能。我十五歲進入臺南師範學校，南師。然後我每天被提醒的一句話就

是，為人師表，早上內務沒有整理好，教官來；鈕扣沒有扣好，歐用生為人師表！走出戶外要去上課，鈕扣不小心沒有扣好，為人師表！為人師表！走進教室，數學成績沒有為人師表！為人師表！被人講了為人師表！為人師表！三年，師範！只有三年，才十八歲的我就出去教小學！掛著一個為人師表的面具！為人師表，老師就不能錯，就不能說不會。天氣冷，老師不能感冒，不能咳嗽，老師就是要完人。好了！教了一個禮拜之後，有一天寫字，學生說：「老師，中華的華寫錯了！」我一看，果然錯了！你知道我怎麼講，故意寫錯，看看你有沒有專心，對！你們也用過，對不對？不然你怎麼知道？

我們老師用過，你們老師用過！我就知道我不能，我就知道我不能認錯，所以我就要掰，老師故意寫錯，看誰，小華果然厲害，最先看到，小華棒！觀察力好，很認真。

自以為為人師表的我，就這樣騙了我自己，我班上的同學，在我印象裡面，從來沒有道歉過，這個就是老師，態度硬成這樣。等一下我們再講老師為什麼這麼ㄍㄧㄥ的原因，我們等一下再來講，先講這一個比較大的問題。所以，這個然後呢！老師說小華代表的一組，小華你代表你們第一組，結果是什麼？剛剛好像有哪一位提出這個問題，解釋一下，剛剛有哪一位提出這個問題說，小華報告，你覺得哪裡有問題？

那個問題應該說，因為剛開始討論，大家應該要互相講出自己的看法，他的產生，應該是由同學產生，而不是小華報告他自己的看法，老師通常都這樣講，你代表你這一組來報告你這一組的結論，所以學習的結果不是同一的，你這一組一定要有一個答案，是嗎？學習的結果應該是差異的吧！

每一個人學的，應該是不一樣的！所以老師哪裡有民主，老師就是要一個人的意思來強迫大家說，那個比較好。因為，過了，通常是

比較好的。所以學習共同體應該是，老師若改成這樣講，「經過這一次你們這一組的討論之後，你學到了什麼？」你看，兩種說話的方式，完全不一樣了！「你代表來報告」，那民主性就沒有了！差異性就被泯滅了。「小華你學到了什麼？你從你們的報告學習到了什麼？」結果是你的！這樣的表達方式，民主性表現在這裡，你看處處都在展示這位老師是否具有民主的素養，有沒有學習共同體的基本，民主主義所要求的品質。

所以，佐藤學說走進教室兩分鐘，就看到臺灣的老師是不民主的，我聽到覺得非常的慚愧，非常地不好意思，我們已經做了學習共同體五年了，老師還是這樣子。所以，老師的學習是半桶水都只學一半，我不是在說你們，我是在說我自己。這裡就牽涉到概念的問題，牽涉到兩個名詞，一般我們臺灣都在推，我說了很多遍，但是都沒有人在專心聽，「合作學習」（cooperation learning）就是我們剛才講的那一種！剛才那個老師的作法就是「合作學習」（cooperation learning）。而佐藤學提倡的是「協同學習」（collaborative learning），協同學習，不分工，大家一起學，而不是說你只學到找答案，你只學習到報告，你只學到舉牌。

「三藏取經」！各位你們想一下，為什麼三藏取經這個團隊的學習，對團隊學習有什麼不良的影響，三藏取經這個團隊的學習為什麼不是學習共同體的學習，「他們只協助三藏」、「師徒制」、「行為主義」！你們都看出問題了！還有嗎？「三藏，分工明確。武器沒有互相交換使用，所以豬八戒要學習如何念緊箍咒，『階級之分』，分工合作達到目標。這個目標是既定的，然後既定的目標。」你們的答案都很好！我的看法是這樣的。剛才講的，會的教不會的，是互教，而不是互學，還是在教。師父在教大徒弟，徒弟再教小徒弟，所以他們的學習是階層化的。人人平等，在真正的學習世界裡是人人平等，

每一個人都會學，所以不要有小組長。不要有這個大徒弟，而且因為你們剛才都看到，你們都講了剛才用行為主義的，理念依據行為主義的假定，所以有獎懲、靠著競爭。學生學習的目的是為了贏、是為了五個花片、為了加分、升了幾格，而不是為了他的學習，學習都變調了！

這個是 1920 年代行為主義，華生行為主義、Skinner 行為主義的化身，早應該要送進博物館。佐藤學說今天只有看到老師給花片的，其他地方都沒有，我想老師已經不准了！然後你們剛才看到很重要，就是為了取經，取經就是他們的目的，不是在學習，是以取經作為任務。所以為了達到任務，必須要分工。你做什麼，你做什麼，然後要有高度共識，學習有差異化，怎麼解決？所以高度共識，達成任務！最後把經書取回來，獲益最多的是誰？三藏！三藏得到了經書！他的徒弟呢？徒弟四散了？

沒有學習啊！對不對？這個三藏怎麼那麼殘忍，自己變成名僧，而徒弟沒有。豬八戒也很有名，我們都認識。所以，這種學習，就是合作學習，就是這種方式，你們覺得這樣好嗎？天生我材必有用，讀經，不是那三個徒弟想要的，那三個徒弟想要什麼？孫悟空想要自由！因為他是被逼的，就故事演出來是，都沒有什麼改變？

那反過來是協同學習，人人平等沒有階層化，不要有領導者，人人平等沒有階層化。沒有小組長，大家一起平等的學習，沒有什麼會的，不會的。在我眼中，不是靠著獎懲，靠著給分，不給加五分，不給加幾個花片。為什麼？我發現過去我沒發現的，發現的喜悅，整個，我們這一趟，分組討論不管是五分鐘、十分鐘、幾分鐘，我們不是在達成什麼任務，不是在達成跟老師報告的任務，而是我們是在學習，所以不是任務取向，不要分工，不要有共識。

尊重差異，差異萬歲！每一個人都是學習的主體，個人的意見都

被尊重，分組討論一定要有一個共同的結論。我覺得這個挺有趣的。各位可以看一下，比如說某個小學要小朋友去創作一首校歌，各組去創作一首校歌，等一下大家也可以討論這樣對不對？

其實我也沒有標準答案，最後有兩組就沒有產出，因為走到一半的時候，我不同意這樣的看法，他自己創作他自己的！所以這一組就沒有創出一個，這一組有沒有，你們覺得呢？這樣可以嗎？又有一個是我自覺得 ok 的，你不是就在那裡睡覺的！要做，那你創出一個你理想的。你不同意他們的看法，那你們可以繼續做！做到快完了，後來有一個，你們有兩個這樣的想法我不認同，又開始做他自己的。

我認為真正的學習，不一定要共同。學習不一定要說是你，一組一定要同一個。下一個禮拜也許我們有一個組，一定有一人會不同意的！只要有學習，我是認為這一節課，你有不同的看法，你會比別人家高明。更加學習，所以我強調學習應該要差異化的。佐藤學教授說：「差異萬歲，要充分被尊重。」主體，讓學習者主體，你不能沒有學習！我不做，睡覺，不理了！他有在做，但是他做出來的歌譜，和別人不太一樣，我覺得那是 ok 的，所以這個就是很大的不同的地方。你們比較這兩個，哪一個比較民主性，哪一個比較注重主體，合乎學習的原理原則。所以我現在要講的就是，老師的學習一定要深入，不能只有表面。而且老師很重要的就是在做的過程當中，要認真的學習，必須要很認真學習。

我們來看老師的學習，老師是備課、觀課、議課，幾乎很多學校都在做！但是，會做白工嗎？日本有位秋田教授常來臺灣，用以下四個步驟，最後日本老師負責，觀摩自學檔案，這一趟學習，我學習到什麼？你這樣都是在談構想，我們這樣教，學生會喜歡嗎？我們這樣問，學生會怎麼答？會不會產生什麼迷思概念？他們都已經預先在考慮了！如果產生迷思概念，我們要怎麼去保證？如何把他的答案，導

向我們的學習目標？

　　所以我們的日本老師開始第一步驟，不再向學生學習。做的時候，就是把想的實踐出來，很多老師在這裡一起學習，然後呢？議課、觀課，就是觀剛才的問題。老師這樣問，果然學生產生哪一個迷思概念！這個迷思概念後來老師化解，完全以學生為主，學生的學習情況，這個，老師觀課，不是站在後面，坐在後面，而是進入組間。我一定是找一組，在那個學生的旁邊，十分鐘、五十分鐘，就在聽。因為，他們怎麼樣在討論，誰跟誰講話比較多，誰和誰講的少，哪一個人可能是領袖，哪一個人可能是等一下跟老師討論一下……觀察的時候，學習到很多，你在後面觀察，注意到老師許多。首先是眼神，你會很認真地去看老師的行為，然後去看學生的，學生的互動情況！那就是把你觀察的結果公開。老師的學習很重要，就是你把看到的能用語言表達出來，老師你看到的、學習到的表象具象化，這個是老師學習非常重要的地方。最後老師會把人家基於備課，我學習到觀課，我學習到什麼？人家議課，然後寫成一篇你自己的檔案，這個說一定會牽涉到許多問題。所以實踐理論化，由過程、實踐，變成語言的，最後理論化。過程呢？老師都是。因為重要的是，心中都有願景和目標，把學校的願景和目標，列為最重要的一個，架構、願景、目標都是很實在的。

　　這個是老師整體的學習，這樣的一個是老師的 lesson study，事實上在討論課程，也是在做行動研究，教師的專業成長，這是一種校本研修的制度。所以我總認為，臺北市中山國小的校長，要帶著你們中山國小的老師，針對我們中山國小的家庭、社區、環境、課程的需要，設計我們中山國小的校本課程。日本的老師就是這樣在進修，或是校友進修，他們是一起做，以學生為中心，以實踐為導向，真正是有教學的基礎，由下而上，真的學習。敦化國小的老師、新北市國小

的老師，一起討論課程。現在一些學校找我來談十二年國教核心素養。我就是這樣，三面九向，在你們學校是什麼意思，你們來討論，而不是教授。教你們怎麼樣，沒有，所以這個就是！這樣就是一種研究，一種行動研究，老師就是做研究，那是一種互學，生產很多的知識。老師很多的成長，然後形塑專業文化，所以具有這樣的共鳴，才有意義。我們在這個實踐的過程當中，要特別提一下，教育學者，Shörn 實踐知識（practical knowledge），這個就是我們老師學習很重要的地方。我們的知識要在我們行動中，我當老師的知識，除了去看教授的書之外，參加研習會，就是你在你的課堂裡面，你怎麼學習，怎麼對你的實踐加以研究、反省、慎思、判斷，增加你自己的教學知識，所以你就是課程理論家，就是教育哲學家，這個就是老師的學習。所以這個實踐對我們影響很大，從以上我們可以知道老師做任何教學活動，背後都有方法。但是老師，在安排分組的時候，指定一名小組長，你就走進了行為主義的陷阱裡面去了！你在安排學生，臺灣的老師很可愛，你講什麼，他都每事都問！我們來分組，老師那我們可以三人一組、四人一組，為什麼要？我就問他說，你三人做做看！也許，抽籤分組要怎麼做？我說抽籤，如果四個阿達湊在一起，他們會學嗎？我不知道，你們做做看！老師一直問，一直問，所以老師們能不能做了再一直問，你做了再問，問的語言就不一樣了！歐教授，昨天我兩人一組，我發現有五個好處。你聽到這個老師，你就會覺得讚！那種實踐性的語言才有實踐性，有代表老師，而不是只有在問，為什麼四人？這樣可以假設性的自己去求證，然後慢慢用實踐性的語言來溝通。教室的氣氛、學術的氣氛才會很濃。所以老師很好問！但是真的要做！要把實踐性的語言做出來，我覺得這就是很重要的地方。所以一個老師要是沒有注意到，都有一個方法啊，最後你會有一個你自己的哲學，反過來會一再這樣的循環，這樣的知識，就有系

統！

　　談到民主，那一天跟著同學上完課，一邊喝酒就拿起紙來一邊寫下我對民主的觀察。民主不是靠著嘴巴，我很民主在不自覺中就已經展現了不民主。我說民主是一種態度、一種生活方式，存乎一心。民主存乎一心，民主不是寫在教科書、不是貼在牆上，更不是掛在嘴上的。民主活在一言一語之間，你的一句話，一言一語，我相信你們都會。什麼叫做學習共同體啊！學共的基本假定就是接受每一個學生的答案。明明你就講不對，對不對？馬上心情不好，但是學習共同體，我們老師要聆聽、等待，不急！慢慢來，肯定他會學習，就在一舉一動之間，就在一顰一蹙之間，活在眉宇之間，在舉手投足之間！

　　有的老師就問：「老師！您要我們聆聽，要等待，要等到什麼時候？」我說：「你在急什麼？你真是那麼急嗎？」他說：「真的！我在那邊等待，不是浪費時間嗎？」我說：「等待，不是浪費時間，等待是在學習！」你想！一個老師，在學生旁邊，很溫暖地看著學生、笑笑地看著學生，肢體語言傳遞給他的就是整個民主的力量、民主的精神。老師相信你，老師認為你會，所以你不要害怕，笑笑地跟著他，眼神、舉手投足，遞給他溫暖，他自然就敢講了！所以我想，民主一定是綜合的，絕對不是掛在嘴邊，所以不是那麼抽象，是可以具體的展現。所以我們老師存乎一心，我們的心態，最重要的就是要相信每一個學生，信任每一個學生，建構一個安全、安心、安定的環境，讓學生都能夠學。

　　所以剛才那個投影〔省略〕，有三個力量很重要，一個是「靜」，安靜的靜。一定要互聽、互學，一個教室不要麥克風掛著，教室是靜不下來的。把麥克風拿掉，要輕聲細語，老師本身也輕聲細語地鼓勵學生，這個對臺灣老師很不習慣。「來，小華你知道臺北為什麼那麼多雨嗎？小華！覺得很見笑，很不好意思很小聲回答。」

老師馬上說什麼：「就是大聲說，大聲說，不必害怕，這個愛拚才
會贏，不必害怕。」「我知道啊！小華有很好的意見，我們大家安靜
聽。」所以老師的語句，口氣真的是不一樣，鼓勵大家安靜來聽，而
不是叫他大聲說。靜，一定要安靜。第二個就是乾淨的「淨」，就是
安定的力量。第三個是「境」的力量，日本人就是走進去！就在學習
了！

一、靜的力量。

二、淨的力量。

三、境的力量。

　　學生兩個禮拜以前的作業，讓學生自己看，兩個禮拜以前為什麼
我這麼寫，我當初是怎麼想的。讓他去，看到自己的思考，這個是很
重要的學，思考的可塑。別人也會起來問：「怎麼會那樣畫呢？」
「哦！沒有，沒有，我現在不那樣畫了！」改變了！「為什麼我會這
樣轉變？」這樣，這個就是很好的互學，所以教室要很乾淨，要很知
性資訊的一些布置，然後《大學》之道中「定、靜、安、慮、得」就
出來了。《大學》裡面靜而後能安，安而後能慮，慮而後能得，學習
就開始了！老師不一定要教！

　　最後我來解釋一下，你們大概聽得很高興！一直指的是老師的
錯，我們都沒有錯，是中華文化的錯。你們都上過教育概論，老師
要馬上解釋，教者。有沒有國文系畢業的？「教者，上所施，下所效
也」；「上所施，下所效也」；「育，養子使作善也」。但是，學習
的學呢？學習的學，就是外面兩隻手，大人的手，守護建築物，有一
個寶蓋，學校裡面有小孩子。所以學習就是大人來教小孩。在中華
文化裡面，教育、教學本來就是很權威性的，都是大人「上所施，下

所效」。所以這種權威性的根深柢固，在我們教育的領域裡面，西洋的 education，那個 educate，人家的原文 educere 是引出的意思。那教學呢？pedagogue，是學徒，叫教僕，是保護小孩去上學的安全，然後替他解決問題的。

所以我們的老師，是很有權威的。但是西方沒有，老師是教僕，以小孩子為主。他們的教，是在把你引出來，我要聆聽，我要等待。所以呢，在這樣的差異化造成中國的老師，「教者，有得者，必有失」。韓愈《進學解》：「師者，傳道、授業、解惑也。」跟你說的很清楚，老師就是要教！那你們讀師範，在這裡就知道，教書，我們就是要教書，我們不用學，就是要教。那更可怕的是，中國文化「天、地、君、親、師」，把老師拱上神主牌，老師掛在神主牌，老師就是老了就輸，不能輸、所以就要硬拗，不對的也要拗到對。不必認輸，是中華文化給我們的，把教師神格化。

我的學生還幫我做一件衣服「歐 My God!」。歐洲的歐，然後？My God。以前我都不敢穿，現在呢？現在敢穿，老了哦，很有創意。你們沒有錯，是中華文化，所以我們弄錯了。我們今天唯一的辦法就是跳下神壇，走入人間，我們大家要一起跳下來。「神仙打鼓有時錯」，我們又不是神仙，錯有什麼關係，我們來學習，我不會，所以我們來學習！所以第一個就是要走下神壇，不要永遠活在神主牌之上。

第二個問題，就是我剛才一直在講的，師培的問題。我接受的師培是這樣的，應該師資培育也要做整體的改進。

第三個問題，我是覺得，這樣講好像不太對，臺灣教師的整個制度，好像沒有鼓勵老師學習。歐美國家，每三年、四年、五年，有嚴格地評鑑，臺灣老師沒有。歐陸的評鑑制度以是否進修、是否有寫論文進行。再者，臺灣老師沒有像中國大陸教師那樣的分級制度。中國

大陸老師的分級是非常認眞的，每一級的薪水待遇都不一樣。中小學的特級老師和大學教授拿到同樣的薪水，你說他們會不會有積極的作爲？另外，日本老師每六到七年調校乙次。我覺得調校會讓不同的學校注入活水，讓學校的氣氛能夠活潑。因爲規定一定要調，政府會幫你調。但是他們的調校，一定不會把你調到高雄，會把你調到附近的學校。可以自己去找，你不找，我就幫你調。六年或七年，學校或政府調校。濱之鄉是很有名的學習共同體，每年都有一半的老師去實踐。六年、七年，他們要調，再到新的學校去，文化流動多好。但是我們臺灣都沒有，臺灣的老師是最安定的。沒有評鑑，沒有分級，沒有被要求調校，什麼都沒有，我認爲是沒有外力來激勵老師。我想還好你們今天聽到現在。不誇張，這是我很意外的地方，因爲我講過很多場，最後都狼狽而逃。大家都認爲歐老師到這邊都來罵他們，俗語說「互相漏氣，求進步」。

　　各位同學我們進入最後一個環節，這個部分要仔細聆聽。「互相漏氣，求進步」。回饋一下吧！你們都是老師，都在做，又是博士班研究生，不能老師說了算。

*****

　　問：老師，那我先問好了。民主化的氛圍裡面，在我們實際的現場教學，會不會說在某一節課要達到什麼目標，變成課程太鬆散，沒有辦法達成目標。

　　主講者答：了解，所以這個就牽涉到教學是科學、還是藝術的問題。我們過去太綁在教學是科學，所以我一定要達成的目標都清清楚楚，我們認爲這樣就是好的教學。我能夠達到這樣，就是好的老師。可是，教學也有藝術的層面，藝術的層面跟科學有很大的不一樣。譬

如說就目標來講，從藝術的觀點來看，目標是慢慢浮現出來的，先訂好一個目標，用艾斯納的話來講，叫作「表意目標」。艾斯納把目標分為：一個就是「行為目標」，一個叫「問題解決目標」。表意目標 expression，表達的目標是一種情意方面的，這個比較感性。表意目標更多是一面做的過程當中，一面浮現出來，就像藝術家到海邊去找，看到一個漂流木很漂亮帶回來，當然他心中有想要來雕一個佛像，他有一個預定的目標。可是隨著雕刻的過程，發現裡面的紋路、材質，可能雕一個耶穌像比較好，他就馬上改為雕耶穌像，不是雕佛像了。所以目標是過程當中，隨著各個情節而有很多改變的空間，這就是表意目標。所以，當老師很辛苦的地方，就是第一個背後有許多壓力要你達成既定的目標。目標是什麼？PISA 分數的提高、中山國中的升學率提高。所以就把你綁了，讓很多老師都動彈不得，只好拼命的往裡頭去鑽。所以，這個有一點難。

昨天我們因為艾斯納剛好過世十年，他的學生，替他寫了悼念的書。艾斯納是美國很有名的藝術學者，課程美學，他的文獻很多。其中有一個，我昨天查了一下 Donmoyer，這個學生也是藝術家，他寫了一篇文章，說在爭奪美國靈魂的戰爭中，主張管理科技的 Taylor 不是我們課程學者，是科學管理者那個 Taylor，主張科學管理的 Taylor 和桑戴克贏了；主張藝術美學的杜威、艾斯納輸了。但美學派還不知道戰爭已經結束，他們仍在奮戰中。這篇文章標題很有趣，他為什麼說美學派還在努力？就是在鼓勵大家。我們大家要想一想，學的思維如落實到實際的現場，就是老師不能只有說不是美學派，就是科技派。不是這個，就是那個。可是現在呢？就鼓勵人家要斜槓，這個斜槓／就是游移！代表 and 的意思，既有科學又有美學。我們老師們要怎麼樣來做取捨，既能夠達成目標，又能夠美的部分也能兼顧。當然這只用說的很容易。

　　第二個是要成立社群，就是要去說服長官。雖然強調 PISA 成績，但也要有人格。我覺得這個不是那麼容易的事，教育部現在已經擬定一個——你們中小學都有接到公文——「美育推展五年計畫」，要推展美育。我昨天問我的一個上博士班的主任，我問他有做這一項公文嗎？他說：「有啊，老師。藝術教育，就是意思而已，沒有人玩真的！」「我說，我知道！」所以這個科學和藝術怎麼去游移，游移的很有意思，這恐怕是老師，還有決策者大家要共同努力的問題，但是我沒有答案。

　　今天的主題，其實從六年前佐藤學來臺灣之後，辦了很多次演講。佐藤學，教學，深度的對談。可是今天看了兩個圈和三角形的時候，其實就是覺得在臺灣的教師沒有真的達到學習共同體。政府也在推廣，花了很多錢。很多人在做，但是為何沒有翻轉？就是老師對於知識的產出這件事情沒有翻轉。未來十二年國教推行，其實老師就是要尊重學生，學生是有學習能力的，所以還是要繼續努力。

　　問：以老師來講，我們在現場的老師，應該怎麼樣去努力，觸動老師的深度學習？

　　主講者答：這是個好問題，但是這個答案 very poor，應該不會有很好的答案！我今天做的三個表，我們國家教育研究院有一個雜誌《教科書研究》的最新一期，我們跟佐藤學的對話，包括這三個表格在裡面，如果各位覺得有興趣的，可以去找附錄裡面的對話，今天我講的很多都有在裡面。這個學共，政府真的花了很多努力，也花了不少錢在主任、校長身上，真的是我們都很努力。但是看了這個成果，我心裡也是很痛，不曉得怎麼會變成這樣。但是經過和他討論以後，我覺得可以接受他的說法。我覺得最重要最重要真的是老師要歸零思考！吳寶春講的歸零思考，要把自己放掉，把自己放得什麼都沒有。

那簡單的怎麼歸零思考，我在 FB 有發表過一篇文章，我有提到一點，講起來都是很玄，但可以做。

第一個就是黑暗思考，把燈關掉，我們的思考方式幾乎都是白天的思考方式，大家以為黑就是什麼都沒有。事實上黑夜，黑也是一種顏色，只是燈光被遮住。把燈光關掉，讓黑顯現出來，讓黑自己說話。這個時候我們才真正可以看到事情原原本本的樣子，所以這是第一個。

現象學者告訴我們，像那個 Greene 告訴我們：「關掉燈，我們能看見什麼？」關掉燈，然後我們，看你能看見什麼？燈暗的，看看你能看見什麼？但是你看見的東西，不要用既有的概念去說話。這個叫學共，你把它看清楚之後，然後好好去想，讓事情回到本來應有的境界，什麼叫民主？你不要腦筋已經有很多概念。民主就是我們今天所說的，一言一行、一舉一動、一顰一蹙，都代表民主。但是我們較早都沒想，所以現在黑暗思考，看到民主本來的面貌的模樣，這是第一個。

第二個就是後結構主義的主體已死，就是人已死。主體都死了，都還原了！所以不要再想過去我有什麼理念，有什麼都不要，完全回到死（始）的狀態，等待復活。一個新的人，就是像羅蘭·巴特講的，就是作者已死。作者寫出一篇文章以後，就交給讀者去詮釋。所以你就回到讀者的位置，不帶著色彩，重新去看一些新的問題，舊有的東西不見了，通通不要。這是有一點難。

第三個就是我們佛家說的禪，放空。要放空，把自己通通放空，從無開始。

第四個就是遺忘。遺忘就是不需要什麼都記得那麼清楚，上面所談的民主就是如此，你被既有的觀念綁住。民主是什麼？重新想一下，民主應該是怎麼樣。所以我覺得應該就是置之死地而後生那樣的

一種感覺，就是一種不僅是靈性的修練，也是一種方法論的修練，也是一種認識論的修練。這好像在講玄學一樣，是可行的，就是不要害怕自己走入黑暗，害怕自己無知，那都是很脆弱，很可怕的。要迎接這種可怕，接受這種未知，你才可能有新的發現，有新的視野，這是很好的問題。但是真的把舊的東西拋掉，然後重新學習，是很可怕的，這真的是不太容易。

　　剛剛聽到有老師說有點擔心臺灣的教育，我覺得我自己還蠻有信心的。我是一個「做中學」老師，我覺得從自己做起，我一直在想辦法改變教學的方式，我覺得臺灣的改變是已經打破以前的聯考制度，慢慢的我覺得會有一個很好的發展。捨我其誰，老師很可愛，有勇氣。悲觀是老人家的權利，你們要樂觀。我也並不是悲觀，但是有時候會很「愛之深，就會言之切」，對各位沒有不敬的意思。確實是臺灣的教育真的進步很多，跟我們之前接受的教育完全不一樣。我現在在上課程史，我覺得史觀很重要。以前我們臺灣的師範教育最早是讀三年，後來改為五年的師專，再改為四年的大學，後來就改為教育大學。很多人常講一句話，說什麼一代不如一代，麻袋布袋，一代不如一代。意思就是說，過了師專，教育大學就比較差。我不同意這樣的看法，每一個時代的使命不一樣。我們那個時候接受的師範，真的是把我們培養成一個老師的教育，這唯一的目標。所以我自己反省自己，我的血液裡面流的都是師範的血液。國北師是臺大一直想合併，但是我不同意，我留著教育的血液，我要讓國北師活下去，有一點私心。很多老師還一直支持我，所以到現在也沒有合併，這個是因為我一開始接受師範教育。當時那個時代就是需要這樣的老師，但是到了你們今天，還用我那個時候的需求來培養老師，行嗎？這不行了，對不對。

　　你們教育大學的就有你們教育大學獨特的，你們有很多地方都比

我們強很多。電腦，我常常罵電腦。因為你們會電腦，每次看到電腦我就想哭。但是今天你們如果不用電腦，行嗎？不行。這個科技，需要的時候還是要用，每個世代都有它培養的方式，一定要適合那個社會。因為今天的社會和我們那個時候，雖然只有四、五十年，但是完全是不一樣的。

我也認為教育進步這麼快，在座的各位，包括我，我們都有貢獻。如果不是這一批這麼偉大的老師，臺灣的教育怎麼可能進步的這麼快呢？老師還是有很多可敬的地方。

問：關於教師評鑑制度，老師您是否有自己的看法？相信學生有互相學習的能力，相信學生主動學習的能力，也要相信老師也有學習的能力。像小紅花或貼紙，去獎勵學生，從某個程度，我覺得我們可以凝聚老師的學習共同體，這樣的學習社群，像學生一樣，不怕被比較。不一定要表現得很強，當特級教師，才能領比較多的薪水，從學習共同體這樣子的想法，是不是會比較符合佐藤學教授他這樣子對教育的想法？

主講者答：臺灣，臺大葉丙成、陳君信、中山女中張輝誠的翻轉教育。葉丙成教授有一句話，阿丙也有一套，依據各種理念。這個問題很棒，臺灣的翻轉理念，有學共、學思達、王政忠的夢 N、臺大葉丙成磨課師……每一個學派他們的書，我都有看過，有跟他對過話。我覺得佐藤學教授書裡面有一句話我很認同，他說無論阿丙（葉丙成）或阿佐（佐藤學），都是依據各自的理念，一套翻轉的模式來達到他的目標，這一句話很重要。我阿丙，葉丙成的一套想法，我要學生怎麼樣；佐藤學，是覺得選擇權就在你們自己手上。覺得阿丙好，你就學習他；你覺得阿佐好，就選擇阿佐。

這個臺北、新北市後來也是走這個路，不一定要做學習共同體，

可是最後我們就一直做學共、英語翻轉。但是你要選哪一個翻轉模式，要好好去做，每一個模式都有它的優點、缺點，你要去發揮它的優點，然後克服缺點，你就好好去選擇一種模式。

葉丙成模式，我有跟我的博士生討論，假如佐藤學遇到葉丙成。學生的答案很有趣，我認同。因為葉丙成比較合作學習的方法，他是學生互相出題目，把別人扳倒，然後得高分，而且都在電腦裡面操作。所以學生說葉丙成還是一個善用電腦、能夠高效率地把別人打倒的機械，他這樣來形容葉丙成。然後佐藤學是一個附在人性化的環境裡面，互聽、互問、互答的。

哪一個好？不知道呢，你喜歡阿佐就去推阿佐，你喜歡阿丙就去推阿丙。但是我覺得我還是要講一句話，就是他們的缺點，你怎麼克服。他們的缺點，阿丙的有很多，佐藤學的學習也有很多的缺點。這個對不起，你們這一邊也許有一個翻轉大師，我不喜歡，我們要趕快把佐藤學趕出臺灣，你們一定聽過，是哪一個大師講的？我覺得沒有必要講這樣情緒的話，學術是開發、開放的，你什麼學派，很厲害，你一定要做，有缺點，為什麼一定要把別人趕出臺灣？

你要做判斷，Maxine Greene 要我們做 do philosophy，要作哲學思考。你為什麼選擇這個，學共，你的理由是什麼？不是因為政府要你做，所以你就做。就像我的孩子，我喜歡他在很溫暖的環境下複習，選擇佐藤學就沒錯。如果你是這樣希望，不選擇佐藤學，你就錯了。你要去做哲學思考，然後去說服自己這樣做，然後說服別人，說服家長。這些抉擇都是一種道德的抉擇，因為葉丙成模式教出來的孩子，跟佐藤學模式教出來的孩子完全不一樣。所以，這個都是非常倫理的問題。

我們最後就讓新北市，你們自己去決定，不能不轉。但是我有特別交代，不能後滾翻，而是滾向前，不要翻轉，亂轉一通。

問：我想翻轉教育和學習共同體，都是希望人可以自己學習。其實我們都知道現在學習的動機很薄弱，在現場的老師，能夠從哪些目標或方向，觸發他自己的自主學習，來提升他的學習動機？

主講者答：妳這個問題很棒！基本前提是對的，自發性是基於對老師的，每一個學生都不可能說一開始就有積極性，都是靠著老師引發出來，是對學生的自發、自動及關鍵性的作用。所以不是說這個學共通通不要，老師就在旁邊等，不是這樣消極。所以第一個我認為，行為主義一定要放棄，這個麥克風不要，花片不要再用了！記分板趕快丟到歷史博物館裡面去，要有不同的方式。不同的方式就是，就要很多的，比如說：杜威所謂的美感經驗，就談很多這方面。譬如說這個我們走到一個庭園，你們如果到大陸，就有很多庭園，那麼庭園有許多共同的特色，入口一定是給堵著的，不會一眼就看到裡面有什麼，後現代學者把這個叫做入口哲學。入口哲學，也就是要引你進來學習這個單元，所以入口哲學的設計，就好好去想。讓學生，引導學生走進這個庭園裡面，這個單元裡面，製造一些驚奇！所以說學習始於驚奇，終於驚奇。我是把它改成更簡單的話來，「學習始於問號，終於驚嘆號和更多的問號」，那你就要去想，我有很多的問號，很多的驚奇，這樣學生才會想要來走進這個庭園。

我的意思就是說，不是什麼都不想，就是給你加五分、三個花片，不要永遠靠這個！把這個丟掉，然後重新去想，我們以前，我現在已經不教了，但是設計一定是去思考教案，引起動機，一定去想。

問：我在上學期3月份的時候擔任較大間的學校主任，我們是在做一些教師專業發展評鑑或是學習共同體，我們大部分的老師都不願意，然後那時候我們就請校長到學校來分享。他後面說到學習共同體，我們那個校長很有趣，他就是用一個方式引起老師們的動機，就

告訴他說即便你很資深，因為對於老師來說比較傳統，就是已經待二十五年、三十年快退休，只要一點點的改變，就驚恐害怕。他說很有趣，你先改變教室的配置，這樣子幫助你班級經營，先引起老師改變動機。這樣的方式對於老師來說是親近的，班級數多，學生人數也多，很多特殊生，所以老師在教學現場，對於教師需要克服班級經營的問題。那時候我們在想讓老師改變教室的配置，然後告訴他說先試試看。那時候我們學校大約六十班，研習過後大概有十個班就開始改變，剛開始有一個班級在做，後來就發現這樣效果很好，雖然沒有那樣的量表確定知道老師和孩子的改變是多少。包括連我們資深的老師願意做這樣的改變，一個半或三個小時的。現在很有趣，就是我現在到新的學校服務，剛進來，他們的導師剛好也是輔導團老師，也是經驗非常豐富，排排坐的方式，所以學生到陌生的環境，不知道該如何去做。我就要求學生想想看為什麼老師這樣安排，學生的反應就是「因為老師這樣子，比較好點名。」或者是說「可以讓我們到前面去發表」。我們發現孩子間彼此之間的對話，他的小組的學習，相對容易與可親近，所以這個部分來講是老師剛才說到對於孩子們，其實我相信在教育界對於一個人，一個聲音，是有意義的。謝謝老師。

　　主講者答：這個對話，引發我想到幾個問題，就是學生就是要教的。日本的這些規則，剛才所講的那些規則，都掛在四周，然後上課，就是「來，我們注意看一下，不會的要問！不會的要問！」當你被問的時候，你要聽人家說！一起學習。都要教，都要教，所以這些學習策略與學習方法，每次上課之前，都要提醒，學生他也樂得聽你講，我不要講。這樣學生很樂？被餵養習慣了？學習的規則，都是剛才講的那些要聽，這些是日本老師很重要的地方，是走進來第一天就要教的。第一天就集合全校家長，「什麼叫學習共同體？」「為何要這樣做？」為什麼，然後我們的畢業校友怎麼講，他說這個方式多

好多好，讓親師生知道進到我們這所學校，進到我這個班級，不是老師在教，是同學互學。所以這個學生的觀念的改變，確實是一定要先做，是非常需要的。關於教室的公約，都是在學，不是只寫不要亂倒垃圾啦，我覺得不要那些。有一次臺大校長畢業典禮講，腳踏車不要亂停、然後考試不作弊，我說這是臺大！真的臺灣大學校長，畢業典禮講考試不作弊、腳踏車不要亂停，那怎麼成為世界性大學？我們班規也不是要擦黑板值日生負責，那些都沒有意義，而是要改為學習的規則，互學，不懂的要問。他們清清楚楚地寫的很好，全校幾乎都有，這個我覺得制度的建立很重要。

第二個就是我們校長要支持每位教師，我覺得加上校長很好，校長一定要全力支持。當然校長要全力支持，局長也要支持，如果局長不講話，校長大概也不會動了，校長不講話，老師大概也不會動了，所以校長的確是蠻重要的。

3月我跟佐藤學到中國大陸，參觀四所大陸學共的學校。讓我很驚嚇的是，那四所學校有五十以上的班級，每班五十個，都做得很好。所以我就反思臺灣如果五十班以上，只有一、兩班在做？全班都在做，一個班都在做，每班都超過，當然中國大陸校長權威很大，因為校長有一筆錢可以給任何老師。大陸老師的薪水每一個人都不一樣，分級制，你是高級別，你的薪水就很高。校長還有一塊，是他自己去募款，所以哪一個老師配合度高，就給他。我的意思是說，校長領導一定要有人去倡導，當然在座很多校長，我不是說你們不好！大陸的校長跟臺灣的校長有一個很大的不同，大陸的校長都是上級看到，看你可以，挑選當校長。他們有一個制度就是賽課，比賽課，上課拿來比賽。比如我們 12 月 1 日要全國賽課，臺北、新北市、新竹市一個老師，最後舉行上課，大家評鑑最後產生第一名、第二名、第三名，那些賽課出來的老師，最容易被看見，所以他當校長去了，我

覺得蠻好的。老師課程與教學熟到不行，可是我們的校長是背行政的書長大的，課程與教學根本不懂，所以忽然間要他走進課程教學與領導，他真的不行。我不是說你們不好，我是覺得那個焦點可能不太一樣，所以我們去看那個四個女校長都是賽課出來的，這樣帶得好棒，比臺灣好。

所以校長要有作為，要有領導。當然，各縣市的氣氛也不一樣，臺灣雖然那麼小，但是南部與北部就差很多。南部的校長一定要有一個很漂亮的泡茶機，北部要有咖啡機。當然不是說這個不好，那也是一個潤滑劑，但是南部的校長安逸多了，和北部差很多，我在南部跑很多，所以校長很重要。

問：我回饋一下！剛才在我們這一邊，老師都先稱讚我們的問題很棒。

主講者答：入口哲學嘛！對不對！

問：老師我們分享一下，和今天的題目，就是老師的深度學習。我在 2015 年去北京住四個月，進到他們學校聽老師上課。比較特別的狀態是有一位新進教師，他是語文領域的。因為他們評鑑制度新進老師的教學經驗不夠多，這個領域的老師就去看他上課。在那個領域他可能教一次、兩次、三次，不是同樣的班級，就是這樣磨課，磨出來的。他磨到後面的時候，校長和副校長會進去看，他們的校長就是學問非常非常豐富，看這個老師的眼神，還有動作，還有您說的就是到教室來看教師移動的狀態，他就可以告訴老師你哪裡出了問題，你的課程這邊抓的沒有落到學生這邊等等。他們是這麼說出來的，彼此之間是很緊密的關係。老師有一個很特別的狀態就是，認為他們不會，所以大家一起學習。資深的老師內心有那種感受，就是他知道比

較多一點，就教給新進教師。那個學校還不是知名的學校，所以我覺得這個部分還蠻好的。以教師的深度學習來說，這個部分，他們具有旺盛的學習心，譬如說佐藤學的學習共同體的校長看到這個，他希望全校都能實施，那麼在這個部分，全校就很容易被抓起來。

主講者答：這個大陸大部分在做都要做，你只有兩班，效果不會出來，一定要全校都做。還有談到大陸，這個我是覺得有一點害怕，所謂害怕就是我有一個好朋友，師範大學教育學院的院長，馬上要承辦佐藤學的國際學院。臺灣今天超過他們的兩個方面，一個就是教育，一個就是醫療。他講這個，我聽了也是蠻同感的。他們的醫療真是差太多，他們都到臺灣來身體檢查。我後來想一想，中國大陸的醫療也在進步中，也很快要和臺灣同樣。尤其是教育，如果我們臺灣有優勢的話，我不覺得會維持多久。以這種進步的情形來看，大陸跟二十年前真的是差太多。我們二十年前跟陳伯璋老師，在兩岸三地課程理論研討會，每年在兩岸三地辦，那二、三十年前，大陸他們的學校，我們去看也是傳統到不行，可是現在我們真的是另眼看待，另眼看待！真的是中國大陸的教育起飛，我剛才說為你們為什麼要坐到最後面去，因為大陸老師是搶前面，然後講到一半的時候，馬上舉手說歐教授對不起，我坐二十個小時的火車來的，所以我一定要把你的話聽清楚，你剛剛講一句什麼話？我好像不太懂，你解釋一下？很有成就感，在臺灣誰要去聽，但是人家說到一半，還沒說完，他就說我還沒聽懂，你說話說清楚一些，那種精神真的是會很感動。

現在大陸的教育，我覺得已經跟上來了。師資部分以前是比較差，但是現在也都慢慢跟上來，我們臺灣真的是要加油，不然會連大陸都輸給他們，我是有一點害怕。

問：大部分老師的研習是，他不是像我們臺灣自己要去，是校長

覺得我實在是一個優秀的老師，所以他就派他去。他們的研習是要很高額的費用，我跟大家分享我經歷的。1 月去浙江師範大學，去找那邊的教授。那是放暑假的時候，去浙江師範大學圖書館，我去他們圖書館去看，圖書館的位置，每層樓都二、三百個，位置都有人預訂，如果你不預約，就沒有一個空位置，而且全部都是滿的。我覺得他們的求知慾，就是學生真的是很認真，然後他們現在輸我們的是什麼？你知道嗎？他們把 GOOGLE 關掉，他們不能用 GOOGLE 找資料，他們資料庫的侷限，除非他們的學生自己去買。然後他們不斷地請大陸的、臺灣的學者、外國的學者，他們做了一件事情，他們面試選拔的學生，公家給你一年的時間，你到國外去讀書，然後再回來。他們的教授也是這樣，大陸現在搶學生，搶什麼？我們學校很好，免費提供，歡迎你來讀。所以他們現在不斷地、不斷地這樣進步，剛才簡教授說十五年，其實我們贏中國的是人文素養，可是再十年，因為他們一直地進步，他們的研究或是什麼，不斷地進步，所以很快地就超越我們。

主講者答：這個十年前我就有感覺，十年前我們去的時候，大陸圖書館都沒有冷氣，熱得要死。我們的冷氣，開得那麼好，沒半個人待在裡面讀書，在手機裡面讀，但是這不要緊。我住在廈門的招待所，一大早五點多，學生在背誦英文，把我吵醒，就在那邊背英語。我們以前也都是這樣長大的，都是靠著我們自己努力。談到學生的出國，現在臺灣的學生不敢出國，不願意出國。一方面是國內博士班已經夠多了，何必到國外，又可以顧家、賺錢。他們大陸不是，我暑假之前回東京大學去，我嚇死了，東京大學 3,000 個留學生，中國大陸就占了 2,000 個。東京大學是最高的名校，不是我們不去東京大學就不會倒，代表他們現在，全力在送，學校也送、國家也送、教育部也送，就是儘量你想去我就送出去。補助你去國外看看，回來有不同的

視野，真的大陸現在，你說十年，我說可能五年大概就超越過我們。我不是在歌頌大陸，但是人家真的是全民一起，那個氣氛就像是感覺回到臺灣三十年前，也有一種向上衝的那一種衝力，但是我們現在社會上有一種休息一下、慢慢來，有一種小確幸的感覺。現在的臺灣，不要高估別人，加油！大家加油！

問：我是彰化地區的學生，他們現在除了師培師生，或者是他們也讓家長來，未來在公開授課時，彰化縣邀請家長一起來觀課、設計、備課、議課。現在民主性會更強，可以聽聽看不同的聲音，這是第一點。剛才老師有提到關於教師還是有生命力的，假設性的語言需要去操作與實踐。我在想說過了一段時間，預期的話，會不會影響到我們的小朋友，我們可以提出技術性的看法，提出失敗的可能。然後我覺得適度地民主很重要，民主可以很適度，因為我們的校長都會帶著我們去做課群，納入社群進來，然後給我們一些建議，讓我們有一些本校的進修。本校研修，歐教授說是校本，這樣的課題。但是我有些小疑問，就是用一年的時間爭取到教育部草案，討論跟社群討論，自己討論設計課程，但是都沒有納入這些科目，學生在這件事情可行？這是我的疑惑。校長特別指示，因為校長是您的學生，校長交代要特別用心聆聽。

主講者答：年紀輕輕的，問這麼好的問題。這個我努力來回答，第一個是這個策略聯盟，我覺得特別重要。但是我們把自己的牆壁、臺灣的學校的界線太多，比如說：你們觀課、議課、備課，三年級的數學，三年級的數學老師來，這樣怎麼夠！每天就是看到同樣的問題，嘴還沒開，我就知道你要說什麼，備課應該是沒有界線的，盡可能所有的老師都來。有的老師會問：「啊！我又不是學音樂的，你要我怎麼懂啊？」我就跟他講一句：「教學是節奏的，不就是你可以由

音樂的方面提供意見的嗎？對不對？覺得這個節奏怎麼樣啊？教學的節奏怎麼樣啊！就是那樣啊！那我體育的行走，可以看形狀怎麼樣，所以不要找藉口說聽不懂。」我在大學當教育學院院長，我就推全校在做，我自己推著做，全校都覺得好棒哦！我們能夠調各種的聲音，我在做觀摩教學的時候，音樂老師就學到了。他說：「歐院長你是教育學者，什麼都懂，但是你這樣講，是懂嗎？實徵主義、什麼叫詮釋論，什麼叫批判論，這樣一講就過去了，我都聽不懂！」研究生真的比我強？他們就懂！立刻馬上就對！取專家的盲點，我沒有站在學生的觀點，你看老師一句話，就點醒我很多。每一個人都有貢獻，儘量的要把社群，連結的科目消除，消除什麼，最好是跨縣區域、跨領域、老師跨業，不同的行業能夠看到的，那真的是無窮的。所以我們後來就把麻豆高中，麻豆中學、國中、國小，然後附近幾所私立大學，都把它融進來。大家都覺得那兩年是我們學習最多的地方，所以社群界線一定要拿掉，策略聯盟一定要加強。教育把門關得太緊，真的是要加強，這是第一個。

　　第二個就是，我們教育幾乎都在講成功，講得意，講發展。但是失敗、失意、脆弱，從來沒有人去談。人生不如意事十之八九，這八、九卻都是我們的重點，所以我覺得那個失敗，尤其是教育不可能都成功，失敗也應該是很重要的學習。所以我們怎麼樣從失敗中學習，我的 FB 臉書有發一個，我就請老師多講一些失敗的故事。老師叫你們說故事，都是我有多厲害。沒人敢說我自己失敗如何如何，沒人敢說。所以我覺得這個說，這個失敗、失意，這個也應該是，今天有一個學派叫 art，就是在強調這些，這個蠻好的。

7

臺灣教改關切的議題

黃政傑教授
台灣教育研究院社社長

講演時間：2019 年 10 月 24 日
講演地點：中正大學教育學研究所

　　所長、院長，各位師長、各位同學，大家早，很高興再到中正大學來。樹木長大了，風景越來越漂亮，但是我找了一下林清江老師墓的樹木，特別問了接我的同學，說林校長當時募來的樹現在怎樣了，怎麼沒看到。應該是要特別大才對。各位同學來這邊一起學習，整個環境非常好，恭喜大家。

　　今天談教改關切的議題，我想一想，這一輩子幾乎都是在做教改，到現在也是一樣，每天想的就是到底教育有什麼問題，該怎麼去改變，說起來就「較歹命」。教育問題不解決，會出現不好的影響，且影響越來越大。最近在一個聚會當中有人提到大學聘專案教師，不聘編制內老師的問題，聘專案教師的意思，就是聘個打臨時工的老師，就跟 7-11 在聘工讀生一樣，只是工作是全職專任，聘的時間長一點，所以臺灣的博士就業非常困難，只有打零工的工作，很少編制內的工作，而且國立大學也是這樣搞。跟我聊的朋友是私大的，他說

他們那個學校就是這樣，但是他強調的是國立大學也這樣。我不知道中正是怎樣，但是我知道 T 大、T 科大是這樣。我有親戚在 T 大畢業，到 T 科大做專案教師，做了一年然後就走路了。一個大學連正職老師都不聘，都聘這種打工的老師，那請問年輕人有前途嗎？就沒有辦法有發展，問題真的很多。

一、重大的教改事件

臺灣的教改議題很多，今天受到時間之限，只能談重點。國內重大教改事件有幾個非常重要，一個是 410 教改大遊行。底下附上《中小學教育改革建議書》，這是我當師大教育研究中心主任主持完成的，當時因為行政院教改會成立，未聘請教育領域的人擔任委員，因而教育界反彈，林清江校長在裡面，但是他不算教育，因為他當時是在中正。那個時候我在師大教育系（系所已經合併了），兼教育研究中心主任，大家推我負責主持《中小學教育改革建議書》的起草，就是要跟當時的行政院教改會拚一下。我那時候年輕，什麼事都不怕，所以就傻傻地就接了。接了也沒錢，後來吳清基教授去募一點錢進來，我們就找了幾個人，幼教找盧美貴，國小找吳明清，國中找王家通，高中找郭生玉，分別主持各分組，一年之後就把《中小學教育改革建議書》提出來。那個時候是行政院教改會成立後的第一年結束，教改會當時成立是放在行政院底下，它的位階高於教育部。為什麼要高於教育部？可能是教育部當時覺得沒有辦法對付教改的呼籲，希望要位階高一層的行政院幫忙處理，行政院就成立教改會，院長連戰請李遠哲負責召集。後來大家批評教改會提出的教改主張，奇怪的是從來沒罵教改委員，都是罵李遠哲，可見召集人李遠哲要概括承受。

當時《中小學教育改革建議書》，就是臺灣師大教育研究中心研究後出版的書，由於是教育專長的學者專家負責的，平素了解教育及

其存在的各種問題，所以做起來比較快，該建議書由漢文書店印製經銷。之後行政院教改會是有跟書店買，當時當執行祕書的曾憲政來問我，我說我沒書送你，因為我們沒什麼錢買書，教改會乃去買來送給教改委員參考。

民間教改主張，源頭是 1994 年的 410 教改大遊行，那個時候民間團體提出 410 教改幾個建言。這個教改大遊行給政府的壓力很大，所以當時教育部才會建議行政院的層級去成立教改委員會。後來教改會《教改總諮議報告書》提出來是兩年之後了，應該是 1996 年年底。政府順著做幾年教改之後，民間又開始有人對於教改非常不以為然，就提出《重建教育宣言／教改萬言書》，尖銳地批評。

410 大遊行的前面有一個「民間團體教育會議」，那個時候我也去參加過，在那邊發表論文和意見。在這段時間內，《聯合報》發行《中國論壇》雜誌，現在沒有了，當時自由主義學者常在上面發表意見，我和陳伯璋都在上面寫過文章，討論我們教育界的議題。我們參加民間團體教育會議，跟民間教改團體有些接觸，但我很忙，也沒有接觸太多。他們曾跟我建議過，希望教授站出來推教改，去遊行。我告知，走不動，會從另外的角度參與，像是與大學生、研究生互動，討論教改議題，這樣比較根本。後來有個「第七次全國教育會議」，然後成立「行政院教育改革審議委員會」。當時部長應該是郭為藩先生。《總諮議報告書》出來之後，行政院成立「教育改革推動小組」，負責教改建言之溝通和落實。教改委員擔心寫的報告書不曉得會不會被執行，所以他們就在報告書裡建議，應該要在行政院成立教改推動小組，後來是由行政院副院長擔任召集人，我的印象中，陳伯璋應該有在這個推動小組裡頭擔任委員。

回想教改會公布教改委員名單正要成立的時候，被批評學教育的沒有人在裡面，當時教育聘有三位擔任顧問，分別是陳伯璋、簡茂

發、黃炳煌。有兩位不在了，黃炳煌教授現在拄著拐杖，身體不是很好。後來有的教改委員宣布退出，我記得其中之一是劉源俊教授，因為有缺，就把三位顧問改聘為教改委員。第一年結束後加聘一位顧問，那就是我，透過林清江老師去找我，鼓勵我接受。1996年的《總諮議報告書》完成公布，教改推動小組在行政院成立，推動教育改革。沒想到，教改總是難以令人滿意，幾年後民間團體又發表《教育萬言書》，發動「我要十二年國教」大遊行。

二、410教改大遊行的教改訴求

1994年4月10日，由410教改聯盟發起大遊行，主要訴求有四個，落實小班小校、廣設高中大學、推動教育現代化、制定教育基本法。《教育基本法》已經訂定公布，教育現代化現在沒有人講了，現在問題點不是現代化的問題，變成其他的問題。那小班小校呢？現在很多小班小校都退不了場，要併校也併不了，要閉校也閉不了，每個地方家長都希望學校能夠維持。實際上小班小校狀況下，學校也關的蠻多的，班級真的也還算蠻小的，如果還要再小是也可以，就是要再多放一些錢。現在討論最多的是廣設高中大學，覺得大學設太多、大學要退場退不了場，就懸在那邊，社會上開始罵廣設大學的政策。廣設高中也是有人在罵，只是罵的聲音沒有那麼大。這在當時都有形成背景，早期高中高職比例是大約三比七，高中占30%，高職占70%。由於後來臺灣社會家庭計畫成功，子女很好，而經濟起飛之後很好賺錢，因而希望有更多機會讓子女讀高中和大學，高中的需求量大增，因而有廣設高中之需求。

（一）普通高中和完全中學的設立

家庭人口數減少，經濟起飛，家長有錢能教育小孩，他們的目標當然設定要孩子讀大學。去讀職業學校畢業要就業，不是他們的迫切需求。他們覺得當時的高中不夠，要怎麼辦呢？就新設高中。新設高中要花很多錢，可能是國立高中、可能是私立高中，不過經費之限也不能設太多高中，或許捨不得用在教育多一點。當時就說沒錢了就只設這些，那只設這些當然是不夠。地方政府是比較現實的，他們比較清楚到底哪些地區的小孩要讀高中，沒高中可以讀，因此地方政府就會想要設高中。教育部的立場是看全國的統計數字，會認為說高中已經很多了。

地方政府說不夠，我們這個區域沒有高中、那個區域沒有高中、小孩要讀高中要跑很遠等等原因，所以後來地方政府就成立「完全中學」，就是找個國中往上設高中，這樣子就叫完全中學。高中附設國中部的情況比較少，總的來講，高中校數比較少、國中校數多，所以它要設完全中學，多半都是從國中往上設，因為需要的是高中，不是國中。國中往上設，教育部就會講說這個錢你們要自己出，這你們自己要設的。叫它自己出錢，又不給它一個比較明確的標準，完全中學就會亂設，它的水準是不夠的。就是上面加的高中部水準是不夠的，設備不夠、校舍不夠、師資也通通是問題。不過，就這樣也都設了，懸在那邊。大家要注意到就是全臺灣的完全中學是有問題的，如果嚴格一點去檢視，用高中的標準去看完全中學的高中部，會發現完全中學的高中部可能在水準上是比較低的。這個部分，現在有沒有人看到，值得關心。

（二）綜合高中的設立

另外，就是設綜合高中。就是希望整個學校改成綜合高中，但是

實際上學校的壓力也很大，學校通常不太願意這樣做，因為這樣它的風險太大，通常它只是找幾個班級來試辦綜合高中。原來綜合高中的課程規劃就在臺灣師大教研中心，當時是我主持該計畫，這樣推了一段時間，是綜合高中全盛期，現在時移勢易，到現在綜合高中也是要死不活的。有人說綜合高中不好，但是我覺得那是因為他不懂綜合高中。有時候又講說，技職的話，綜合高中不如職業學校，普通教育不如普通高中，就變成綜合高中這邊也不如、那邊也不如，就是不好的意思。但是我認為臺灣在作綜合高中改革的時候，沒有辦法像國外設綜合高中一樣有一個整體的規劃和改變，所以到最後國內的綜合高中作起來是很辛苦，不是整個學校經營綜合高中，而是校內多了一個幾班的綜合高中部門。但是我知道綜合高中現在還是有一些辦得還算不錯，只是變得很少就對了。為什麼要設立綜合高中，國中畢業以後馬上要選定讀高職還是讀高中，對很多國中小孩子來講，是沒有辦法的，家長也沒辦法好好做選擇，因為他們分不清楚。綜合高中希望讓學生延後一年，高一讀完之後，再來決定他走學術——普通教育學術導向，或者是走技職導向。選了之後，如果他要調整，也沒有問題，就只是修課的改變而已，修過的課全部都算數，畢業不會有什麼問題。綜合高中這個學制調整的方向是希望延後分流，延後作走學術學程或職業學程的決定。這一部分，現階段該學制已經進入《高級中等教育法》，但是，就整個推動來講，教育部的影響也蠻大的，如果教育部的領導者重視這一塊，就會用力推。現在沒有用力推的話，底下學校就很現實，就鬆掉了，綜合高中的情形是如此。

　　普通高中也有設綜合高中部，不過最主要是職業學校設綜合高中部，或者轉型為綜合高中，這樣可以增加普通教育的人數比例，然後它可以把 70% 的技職教育比例往下降。社會有這麼多教改的要求，所以當時 410 教改大遊行之後，整個政府的教育政策都有因應的改

革。小班小校有時不得不然，但狀況有好有壞；現代化這個就慢慢繼續做，不會有太大問題；基本法也沒問題都訂定公布了；廣設高中大學十分努力在做，不料反而出現另外的問題。

三、大學擴增的問題

大學這塊因為高中生畢業以後，大學入學機會很少，有必要擴增，擴增的方向一個是設國立大學。設國立大學，大家想想看如果是中正大學的話要花多少錢？設一個中正大學有沒有花掉幾百億了，有吧？

校舍逐漸在變舊的情況，後面需要維修，不知道能不能撐過多久，不曉得能不能撐到一百年。如果要重建校舍，花的錢又更多，所以一所大學要花的錢是很多的。中正大學運氣蠻不錯，因為設校的時候用了中正兩個字，中正在臺灣怎麼可能沒有錢。中山大學也是。當時剛好錢也沒問題，所以中正大學的建設是比較完善。但後面新設的一些國立大學就真的比較沒錢，像國立高雄大學，沒錢啊，就沒辦法。國立臺北大學也是，因為有中興的法商切下來給他們，有好處也有缺點。國立臺北大學以後會變得比較好，等到捷運開通以後，它就會很厲害了。臺北大學周遭建了非常多的房子，看起來學生校外居住是沒有問題的，現在就欠交通。交通等捷運起來以後，臺北大學是可以起來，它運氣應該是比高雄大學好。還有一些新設大學，我就不一一的講，反正大學就是國立的部分，國家花錢來設。

我記得曾經有地方政府說要設大學，像南投。大地震搖得中興新村四分五裂，後來南投那邊說要用中興新村的土地來建一個南投大學，縣立南投大學。那個時候我在高教司，嚇一大跳。後來我跟南投的代表見面，就跟他們講，千萬不要設，縣庫的錢沒有新北市多。新

北市的前身臺北縣原來也要搞一個縣立大學，弄到最後為什麼變成國立？因為錢不夠。南投要成立一個大學，要知道養一所大學每年要花多少錢，一旦建起來，建房子要很多錢，老師一聘，每年都要付很多薪水，水電費什麼費一大堆錢，怎麼得了。我說不如把那個錢留著，做一些計畫，和區內或鄰近的中興大學、暨大、臺中教大等等合作。現在大學都缺錢，縣內要做計畫一定都有人去申請，透過這個計畫讓大學來合作，就可以做起來，符合地方施政目標。

現在臺灣的大學有一個大問題值得注意。為什麼會有深耕計畫？這有一些原因。臺灣的大學通常是不甩地方政府的。為什麼不甩？因為它們都會講「我是國立的」，私立的另當別論，因為私立有時候為了經營，當然要跟地方做比較緊密的結合。我在臺南大學當校長，我們是國立大學，校長是中央任命的，臺南縣管也管不到，所以地方的需求，國立大學通常比較沒有努力去做。地方首長是要選舉的，如果他的政績沒有出來，接下去要再選，他選不上的，所以他們還蠻著急。有些國立大學叫得動但計畫的錢不夠，國立大學和地方的合作變得很有限，這是另外一個原因。結果會變成大學做大學的，地方需要沒有辦法滿足。大學教師在發表論文的壓力下，常會放棄社會服務這一塊，滿腦子都是 TSSCI、SSCI、Nature、Science，文章發表常掛上一堆作者的名字，有一篇文章的作者超過五十個人以上，我就想說這個帳不曉得要怎麼算，怎麼算績效？由這樣的發表壓力，衍生出論文掛名的學術倫理問題。我看完以後覺得就不對，一篇文章發表出來，掛一大群這樣，養成很壞的學風，到現在可能問題還在。現在當然比我們更嚴重的是中國大陸，他們的問題我就不必多講，我們要跟好的比較。大學老師不會去關心地方的發展，問題是很嚴重的。全臺灣的發展必須要每個地方先有發展，即全臺灣各縣市、直轄市全部都要發展不錯，這樣臺灣才會發展不錯。現在地方關心地方要變得更好，大

學都不甩的話，請問各地方要怎麼辦？大學算是有人才也是有很多經費的地方，服務那塊卻很弱。當然有錢賺就有人去，那種比較沒錢的像志工、社會服務很難。高教深耕裡面有一塊就是包含這個地方服務，稱之為大學社會責任（USR）。

USR 有什麼了不起？我在讀書的時候，大學本來就有社會服務，包含兩項，一個校內、一個校外，校外可以到學校所在地方，可以到全世界。最近媒體報導說地球在暖化，全球氣溫在上升，之後就會怎麼樣？積雪會溶解，北極、南極的雪會溶解，溶解變成水，然後海洋水位會上升，這兩天的新聞說倫敦也會被淹，很多地方也會被淹。我們講社會服務不是只有臺灣，還要看到世界，因為臺灣要走出去，走不出去的話，臺灣也沒有什麼未來，光在臺灣賺自己人的錢，自己人本來就賺不了多少錢，你賺自己人的錢，賺來賺去就是這麼多而已，所以一定要走出去。

國立的設不了那麼多所，政府經費有限，就想說辦學績優的專科來改制（私校占比很高），改成學院，學院辦學績優讓它改成大學。大學跟學院依照《大學法》都是大學，學院改大學稱為改名，專科改學院這是叫作「改制」，因為兩者學制不一樣，一個是專科、一個是大學。兩個加起來可以用「升格」一詞。一般人會用「升格」這個名稱，後來大學擴增最主要就透過專科學校辦學績優的來改，改到最後，變成辦學不怎麼績優的也都改了，問題的嚴重性就在這裡，改到現在招生名額很多但沒學生了。前幾年有一個學校說我們大學不辦了，要改回專科。我以前寫文章提出過一個建議，大學不好好辦的把它改回專科，好像做懲罰，可是現在不是懲罰而是為了要生存，現在大學願意自願改回專科。前一陣子那個大學的產學合作、南向招生出問題，教育部說懲罰它，不准改回專科。

改名改制還有一個關鍵問題，那就是什麼叫大學，專科學校改成

學院、改成大學，請問它有沒有「眞正」變成大學？它到底改了多少？我在學校現場待過好多年，看到許多專科改制成大學後並沒眞正變成大學，它還是專科的樣子，爲什麼這樣？比方說，專科學校常有交通車接送學生，上學、放學，時間到，交通車就在；時間到，它就開走了。這有什麼問題，這有問題嗎？我覺得問題很大，因爲我心中的大學，學生晚上是會在學校的，不然就在學校的社區裡面，這才叫大學。下午五點後沒課就回家了，這哪是大學生？這個連專科我都覺得不太像，姑且就當它跟高中一樣。

再看看這個學校，到底有沒有 bus stop，如果有學生想說我五點不回去，在學校裡面圖書館、實驗室、專科教室多待待，可以多學習，不要急著離開校園。學生如果晚上九點要回家、十點要回家的話，請問這個學校有沒有公車可以送他回去？就去找 bus stop，結果居然沒有！沒有公車站牌，我就到附近檢查一下旁邊的高職，這個高職有一個公車站牌。再往前走到一個幼兒園，幼兒園旁邊也有一個幼兒園站牌，就這個改制爲學院的專科學校沒有公車站牌，我們臺灣所謂大學居然有這個樣子的。所以最擔心的是名字改了、招牌掛了，所有的公文書全部都換了，可是沒有大學的實質，只是表面上是大學，它沒有實質大學的樣子，這是不是很令人擔心。事情做不到沒有關係，最怕是說假裝做到了，這個嚴重來講就是我們臺灣教育界是很多人都是在假裝，爲什麼我們今天做事情要假裝？我們做教改要假裝？假裝我已經在做了？

四、大學排名之害

現在教改在推什麼剛才聽到什麼 IR（校務研究），IR 我很早之前就講，大約二十年前，大學自己要研究自己，這麼大一個學校，自

己都不研究自己，怎麼知道自己怎樣呢？生病了也不曉得，是不是？要怎麼發展，計畫是怎麼訂的，全不自己做研究，我很早就說了，應該也有寫在文章裡。雖然人微言輕，沒人會理，突然間看到大家都在做 IR 了，我也很高興。臺灣就是這樣一窩蜂，有補助就開始做。不過你知道 IR 在做什麼嗎？我看到有個大學的 IR 報告（應該不只一個），題目是「本校如何提升世界大學排名」，開始研究排名系統的 IR 指標是什麼、配分怎麼配，在這個系統要提高分數的話，要在哪個地方做做樣子。我說做做樣子差不多也是這樣，它沒有要把這個大學辦好，它只是要把名字在世界大學排名裡提升，做這樣對學生有什麼意義？對老師有什麼意義？對社會有什麼意義？這個排名系統研究完，接著另外一個排名系統的研究，幾個系統全部研究完畢之後比較一下，把本校的各項資料，假如有三個系統，就往三個系統放。

現在電腦很厲害，就跑一跑，跑完之後估一下本校的排名在哪裡。假如本校在哪個地方，多放一些資源下去的話就會怎樣。比如說現在老師很重要，老師發表論文很重要，我們學校就是有錢，其他沒有，就是有錢，把論文寫得多的、點數多的教授多給他一些薪水聘進來，中正應該幾個教授據說都被聘過去了。我知道的被臺北那邊挖走，我們南大也是一樣，南大老師也是被臺北的挖走了。有分數才會被挖，沒分數就不可能有人挖。所以資源這樣游移以後，某個大學錢很多，它就用這個錢來給老師好的待遇，建構他要的研究環境。現實來講，怎麼給老師研究環境？聘這個老師，你給他多少？初任教師進中正大學教育研究所，你們給他多少讓他在這邊做任教的準備？有的學校給五萬，有的學校完全不給，認為我聘你就是對你的恩惠了，你還嫌沒有錢？電腦自己帶來，什麼碳粉夾自己買，沒錢？沒錢自己去賺，拿計畫申請幾年之後你就有了，什麼還要跟我拿錢。有的大學確實真正努力挖角國際級的教授，有一次聽到某一所私立大學，他說他

們成立生物研究中心，要從國外聘一個很知名的學者回來主持，準備給他五千萬。五千萬籌備實驗室，其實也不多，有些儀器比較貴，有些儀器是後面要慢慢添，不可能一下子就什麼都有。有的教授可能不錯，就給一百萬、兩百萬，你一到校來任教，來我們所來，你就有兩百萬可以花，看你要買什麼，去把教學和研究的設備弄好。我很關心臺灣整體高教品質，臺灣整體高教品質到底怎樣？有沒有進步？或只是說人在臺灣的大學裡頭流動，而流動的指標就是論文寫得多、點數多的，往某些大學集中。然後很多大學裡面辛苦培育的學術領頭羊，一下子被挖走了。有錢的大學從四面八方挖了一些人進來，這個應該是對世界大學排名有幫助，因為它要算論文，要看論文的影響力，這是某些大學會做的事。

　　國際交流也有分數，但是國際交流這個比較麻煩。找了外籍生進來要給獎學金，大學就說我本來就沒什麼錢了，還要給獎學金。不給獎學金，要找有錢的來讀，就比較難找，大半需要找很多社會資源來挹注，比如說產業、或政府相關部會，共同來幫學生出學雜費跟生活費，這樣才有可能把其他國家優秀的學生招進來。年輕人常反對這樣子做，認為自己的學生你都照顧不好了，你還要找其他國家的學生來照顧。外籍生來了以後，大學到底會不會賺錢？也許不能看現在，現在的話就一定是賠本的，要看未來。舉一個例子說，屏東某大學不過是辦個養豬班而已，東南亞國家就有學生來學怎麼養豬。大家不要小看養豬，養豬賺很多錢，小時候我媽媽也養豬，小孩子的生活費、學費要支出的話，養豬是有貢獻的。臺灣養豬學還是很厲害，外籍生學完了回去就開始養豬賺大錢，接下來就請母校師長去他們國家看看，考察一下他們國家的養豬事業，後面會產生更多的交流。老師非常高興，回來就說我們培養這個外國籍學生養豬，只有教他們養豬而已，讓我們大學得到很多好處。大學國際化也是一個努力的方向，目前也

是有很多的改變。

五、教改總諮詢報告書關切的重點

行政院教改會是有設置要點的，當時李登輝是總統，行政院長是連戰，李遠哲是擔任主任委員，在 1996 年 12 月 2 號解散。當時《總諮議報告書》提出來，內容包含背景、理念、目標、綜合建議、改革的優先順序。這邊有比較詳細的章節，可以看到最關心的是鬆綁，然後適性揚才、帶好每個學生，暢通升學管道，這個會涉及到高等教育，好還要更好，提升教育品質；第五節是終身學習、終身學習社會。第四章是推動跟落實，因為怕提出來的《總諮議報告書》最後政府不重視，所以花了不少時間去做這個部分，怎麼樣推動、怎麼樣落實。我在準備今天演講的時候，看到李遠哲院長回吳京部長，主要是吳京部長說看到《教改總諮議報告書》就覺得和美國非常相似，裡面的建議如果能做，他早就做了。李遠哲院長就頗不以為然，就寫了這篇文章回應，大家有興趣可以自己看一下。

再來看《重建教育宣言》，就是《總諮議報告書》之後的 2003 年。中間已經過了很多年了，該宣言的起草包含黃光國、周祝瑛、劉源俊。他們說要拆穿教改的迷霧，對這些年的教改提出很多批評，例如，自願就學方案、建構式數學、九年一貫課程、一綱多本教科書、統整教學、多元入學方案、補習班的發展等。後面還有很多，有學校教師退休潮、師資培育、流浪教師、消滅明星高中、廢除高職、廣設高中大學、教授治校。廢除高職是教改會研議過程當中有人有這樣的建議在討論，一般都歸給李遠哲，說李遠哲主張廢除高職，不過我也沒聽他說過，這個可能有興趣再去研究。這一些都是重建教改宣言對以往之教改不以為然的一些教育改革方向，他們的訴求是檢討十年教

改、透明教育決策、要尊重專業、照顧弱勢學生、維護社會正義、追
求優質教育、提振學習樂趣等等。

後來，教改滿二十年之際，中國教育學會找幾位部長來談教改，
媒體就做了一些報導，會中就各界對教改問題的批評表示看法。他們
認爲是部長更替過於頻繁、單位權責劃分不清、缺乏與基層的定期評
估和檢討，所以解決問題是當務之急。他們認爲現在再批再罵也沒
用，因爲問題就在那邊，可能要趕快解決問題才是正道。從這裡就可
以看出來教改改來改去，到最後還是改出一大堆問題。那是不是沒
改，問題比較少，改了以後，問題比較多，不曉得是不是這樣？如果
這樣看，是不是不要改，問題會比較少，是不是問題比較不嚴重等
等，到現在大家都還是搞不清楚到底要怎麼辦。像多元入學、推甄，
就是甄選入學招生占的比例，到底要占多少，常是各說各話。因爲少
子化，很多大學是先搶先贏，甄選入學那一塊就是超過 50% 都有大
學在做。大學的心態當然是說，能先錄取就錄取，但是現在這個甄選
入學，也沒有保證錄取了，考生一定會去報到、去入學。沒有能夠報
到入學的話，後面考生還是可以參加指定科目的考試。實際上如果大
學入學百分之一百用來甄選入學，其實大學應該也沒問題，因爲現在
就是缺學生，一次就把考生錄取更方便。有些人說這樣不公平，因爲
甄選入學要看的指標比較多，跟指定科目的看考試成績不一樣，所以
他們認爲，社經地位比較低的家庭子女，在甄選入學的競爭比較沒那
麼強。後來才又推出繁星入學，給社區高中推薦他們成績好的學生來
申請入學。

六、教改的出場與退場

改革一直變，原因是推出改革之後會產生另外的問題，好像沒有

一個方法是提出來以後做了，完全都是好的。我們教育就是這樣，不曉得怎麼辦。黃昆輝教育基金會在今年舉辦了一個研討會，就是本年（2019）10月5日很多人都有去參加，出版了《邁向公義與卓越：臺灣教育的問題與對策》。裡面有一個分組是林明地教授負責的。這個研討會辦得很積極，提出比較值得關心的幾個問題。第一個是社會階級再製的問題，第二個問題是教育品質的平庸化，再來是人才培育失衡，主要是講這三點。這跟原來基金會研究計畫的各子計畫不一樣，是後來彙整成這三點，覺得跟社會交流溝通比較有力量，所以就集中在這三大面向的重大危機來討論。

當時黃昆輝教授一直在講美國《國家在危機中》的報告，他希望自己主持這個基金會出的這本書，《臺灣教育危機》，像美國的《國家在危機中》一樣受到社會重視。但是不同的是，《國家在危機中》是美國總統任命的研究小組提出來的，提出來之後，因為是總統任命去做的，所以研究報告會受到行政界的重視，變成政策。《臺灣教育危機》是基金會做的，基金會因為沒有行政實權，所以這些東西講一講之後，不曉得有幾個人聽進去，也就是沒有辦法像美國《國家在危機中》的研究報告有那麼大的影響力。不過我還是很希望這個研討會的研議本，還有比較厚的報告書，大家有機會都去看，進而發揮實質的影響力。

我們討論臺灣教改爭論，有時候會擔心說一直批評臺灣什麼都不好，所以現在我要穿插一個臺灣在全球未來教育指數中，排名全球第十八名的資料。這是英國經濟學人智庫 EIU 所做的報告，大家有興趣的話可搜尋一下原來的報告，這個國際排名，我們有時候也排得很前面，但不要太高興，不知道為什麼排在前面，是指標很會做，做了以後就排在前面，還是實際的品質有那麼好。這個報導後來也提到說，我們有一些學用落差的問題。

接著有一個報導說，教改通常不會停掉，只是會不受重視。臺灣的教改，幾乎很少停的，但大家就會慢慢的忽視，然後就會忘記它，忘記它是教改。但是，自願就學方案是被停掉的。在座有沒有人是自願就學方案入學的？沒有吧？在座都很年輕，這個個案特別跟大家講一下。當時要停掉它，是教育部委託林清江教授主持，因為他找擔任這個案子的委員，我有去開會，我知道這個案子是怎麼停的。裡面的委員有人主張自願就學方案是非常好的，它是五育均衡發展，看學生在國中的表現，再看學生要選高中還高職，應該是十二年國教推動的先鋒。但是因為自願就學案已經出現很多難解的問題，教育部是希望把它停掉。但是，教改怎麼停掉，如果你當部長，會不會下個令說停掉，你敢這樣做嗎？後座力會非常強。所以通常是會有一個退場的程序，一步步，到後面才退掉，前面會有些研究、溝通、協調，慢慢建立共識，到最後停下來，就不會有什麼大的問題。

自學方案的政策，因為時間關係就不講。接著來談課程改革，九年一貫課程的改革即將結束，目前還有學生在九年一貫課程之下學習。現在新課綱是從各教育階段一年級開始的十二年國教新課綱。這也是做了些政策評估，歐用生、郭添財、黃嘉雄等參與研究，行政院研考會評估委辦計畫，先看到底利弊得失與問題在哪裡。其他也有高職跟九年一貫銜接的問題，這些資料大家有興趣看我們做的研究。以上談了教改的重要事件大家有個印象，有興趣要研究的，從當中可以找到很多題材。

我們接著談現在社會對教改的態度。談到教改，有的人就很熱心，但是有的人就很反對，所以這個熱心、積極、反對，大抵是不是常態分配，需要再研究。教改的研究題材很多，贊成還反對，都要看題材。像我剛剛講說，大學應該聘專案教師，或應該要聘編制老師，你支持還是反對？可以用一點到五點，一是非常不贊成的，五是非常

贊成的，問大家意見怎樣。當然首先要了解什麼叫做專案教師，有的人根本不清楚什麼是專案教師，所以他沒辦法回答這個問題。如果我把專案教師說清楚，填的人都知道，他就可以表示意見。光問大家對教改是贊成還是反對？這樣太空泛，必須看那是哪方面的教改。對一般的教改來講，反對的原因是教改改太多，中小學教師當然有很多不同意見，像是教改太頻繁、教改不切實際、教改亂改，就很多的批評。教改出場的推動，就是說你要讓教改出來，出到變成政策，不是那麼容易的。它有很多的力量，一個是民情輿論，有抗爭遊行，有立法院的壓力，另外監察院的調查，另有行政指導，從上級指導下級。教育部的教改影響力會是學者建議、基層反映、重大事件等等。教改常用的政策影響途徑，一般是會透過論壇、會議，中間有遊說，有媒體發聲，有調查，再擬定計畫或方案，編列預算，完成行政程序，再由主政機關執行。

現在基層遇到的大問題是政策很多，平常的經費預算費用不夠用，但是政府放了很多錢在政策點上，要求學校來申請。學校申請完以後就執行每一個它申請到的計畫，這個問題會出在計畫都是很零碎。計畫之間的關聯性也有問題，可能是不同機關給的，就算有關聯，執行者也不太敢把它全部整合在一起執行，因為這樣比較看不出來它的個別績效。基層在執行很多政策的困難點在這，有很多小錢，到最後每個計畫中間都會有人來訪視、來評鑑，開會的時候要照相、錄影，然後寫報告談成果，還會有成果展。展覽辦得很熱鬧，有看板、有解說，就在那短短不到一天的時間辦完一個很熱鬧的活動。我們的臺灣教育現在是這樣辦的，真正需要的自主預算是不夠的。

在我來看，每個學校的預算應該是從零開始，而不是說你去年有多少、今年就有多少。增加要看說整個學校到底條件怎樣，要重新把預算估出來。這裡面如果有新住民學生，要推新住民教育，就要問

說，我就要辦什麼教育活動，這個教育活動要針對新住民？還是所有的學生？我們臺灣辦常常會想說，新住民教育當然是要針對新住民，原住民教育針對原住民，但是新住民和原住民就會說，如果我們都懂自己東西，你還要針對我們？我們其他的功課都弄不好了，你還要我們花時間去學我們自己的東西？真正重要的是不是那些不懂原民文化、新民文化的人該學一點？可是完全沒有針對他們進行教育。為什麼臺灣族群會不融合，就是原民教育、新民教育沒有針對所有學生、所有社會的人士，只有針對原民學生和新民學生，這些人他們本來對自己的文化多多少少都有了解了。我很早就說這樣不對，要改變。如果要改變，一個學校有多少學生，裡面所有學生該學什麼，在所有課裡面該學的東西，難道不能編預算嗎？有一些是活動的，難道不能編預算嗎？就編在學校預算裡頭就好了，為什麼要搞好幾個計畫，要學校申請，還搞得零零落落，申請不到的也很常見。

在教改怎麼出場這邊，我剛剛已經講了，教改要有個建言跟資料，有個說服過程，有個規劃過程，包含：政策評估、政策決定、制度規章、配套措施，執行過程要做一些檢討，也要探討教改的後果跟改變。正式教育的改革，需要經過學校來執行，影響學生學習的有很多理論，制度、課程教學、環境需要改變。當中一定會有改革推力去推它，調適改革的行動，跟教改有關的人需要去調適。教改要反省，所以要問有什麼問題？例如，我們教育有沒有因教改而變好一點？我們這麼多教改，學生有沒有快樂一點？有人說快樂學習安樂死，主張小孩子學得比較辛苦沒關係，成功會帶給他很大的喜悅。老師有沒有優質一點？學校品質有沒有好一些？家庭更幸福嗎？社會有更優秀的公民嗎？產業有更好的人才？這些都可以作為反省的指標。

再來教改怎麼退場？剛剛講了已經辦不來的就要退場。有時政府機關不太想要自己做的案子退場，好像自己打自己的耳光，所以通常

都是使其自動消失的比較多。不然就是換部長，新官上任三把火，跟著做，以前部長做的就算了。官員跟學校都很清楚，現在誰在當家。

再來教改誰得利？這個一般都會問，就誰得到好處，政黨、學生、學校、校長、部長，誰得到好處？這個就要問，沒得到好處的，有的就會有聲音，有的會沒聲音，因為有的不知道自己怎麼發聲，有的要別人替他發聲。所以我們可以看到有些學者會替弱勢族群講話，會替新住民講話，會替原住民講話。

再來教改咎責，就是教改完，如果大家不滿意，就會咎責。咎責要批評誰？是不是要把他抓起來關？要不要判刑？好像沒有這個法條，通常都是罵一罵，批評一下，針對教改計畫領頭羊、教育部部長、學校老師，有的推給考試就沒錯，就是考試，臺灣很多教育問題其實都是跟考試有關，但是誰在考試？誰負責考試？這個考試誰在決定？社會、產業、民間等等，在座各位都可能是咎責的對象。我們一直罵李遠哲，請問教改會有哪些人？就在這裡剛好有名單，我列出來，有的人已經不在了，有的人還在。裡面好多人現在都做了大官，這裡面這位是高中校長，林清江校長在這裡，都是有頭有臉的人。顧問的名字沒在這裡，也沒人知道，因為《教改總諮議報告書》也根本找不到顧問是誰。你會問顧問做什麼？顧問，我每個禮拜三會跟教改會成立的小組坐在一起，坐了一年，跟他們討論，聽他們討論，聽他們報告，然後提出意見。我那時候比較年輕，所以講話比較直接，看到問題就會講，像高等教育寫得不好，我就會講。我說，高教這樣不行，都是要高中、國中、國小改，大學都不改，我說這個拿出去一定會被罵，李遠哲也坐在旁邊，他有聽到，後來就說好，大學的重寫。後來就說要找誰重寫？看到林清江校長，就說請林委員主持重寫高教的部分。

六、教改的理念：公義、卓越、適性、成就、競爭、均等、翻轉

　　教改的主要訴求是互相有關聯的。第一個是公義，黃昆輝教育基金會一直在提。那什麼是公義？問哲學家，公義是什麼意思？我們在座好幾位哲學家，對公義是很清楚的。然後是卓越，就是要好，要優質，卓越跟品質是關聯，但有時候會分開來講。然後要適性，這講起來聲音很大，適性揚才，老師會問這要怎麼做？適性揚才是怎樣？說適合唸職業學校就唸職業學校，適合唸普通高中就輔導唸普通高中，那我就問說誰知道他適合唸這個，不適合唸那個？老師知道嗎？根據什麼？如果有個學生說他雖然某方面不錯，但我不讀那個，我音樂很好，小提琴我全臺灣比賽冠軍，然後我不唸這個，我唸電機。我一個朋友就唸電機的，每天晚上六點鐘之前我們要吃飯，他會先練琴。他小提琴好，不一定要讀音樂，可以讀電機。所謂適性揚才怎麼做，臺灣現在這一部分問題還很大。

　　再來談成就，成就現在也很多名詞，成就每一個孩子，帶好每一個孩子，別讓孩子失敗，讓每個孩子成功，這有很多不同的講法。最近十二年國教說「成就每一個孩子」是不是？成就每一個孩子，「每一個」要唸重一點，為什麼要每一個？就代表以前沒有做到每一個，因為以前都是篩選，很像收成水果，最大顆的挑起來，這個最大顆要賣最貴，剩下小的看要做果醬，有的要餵豬。臺灣過去的制度沒有成就每個孩子，就挑選挑選，把他們認為最有競爭力的挑出來。這個問題就相當的大，就是沒辦法成就每個孩子。以前家庭小孩多，沒辦法五個小孩都讀大學，就五個小孩裡頭挑一個讀大學，其他四個去賺錢，賺完錢給這個讀大學。有時候會很失望，因為我以前有碰過一個家庭栽培一個唸醫學系的孩子，家裡都是吃什麼拌鹽巴的，就是很節

省，結果這個讀醫學系的孩子出去環島旅行，出意外摔死了。有時候說所有希望寄託在一個人上面就是這樣。我的意思是，所有臺灣未來的希望都寄託在一所大學，這非常危險，而且整體不卓越的話，怎麼可能會有一所是卓越的？

競爭力，這個我們最喜歡的，只要講到競爭力，大家都沒話講了。但請問競爭力是跟誰競爭？現在是在國內自己競爭，我剛剛是建議要去國外競爭，但不要一直講競爭好不好，到外國去跟人要講合作，跟對方講競爭，誰要理我們。我們在臺灣也是一樣，小孩子從小跟他說要競爭，同學有的不會合作。現在是要合作學習，但我不知道效果有多好，大家有興趣研究一下。還有減壓的目標，到底有沒有做到，我看小孩子上下學帶的東西越來越重，心理的不要講，光書包就是很重。

然後要均等，要有趣。我們講全人，這個講很久，全人教育，現在講素養，要鬆綁，到現在也是有人說教育部管太多，鬆綁綁得不夠，但也有人說你鬆太多，就亂七八糟，也有人這樣講。

然後翻轉，我常常講翻轉在我們那個時代就已經翻轉。我剛回來當老師，我的課堂裡，沒有先讀書，真的不曉得要怎麼上課，因為一進教室，先是學生要講，因為老師會問：「上次的功課，大家都讀過了，講一下看到什麼？有什麼心得？有何意見？」沒做好準備的學生，就無法應對。

因為一開口，每個人都知道你有沒有讀，如果有讀，講出來就不一樣。所以翻轉不是像現在說用什麼錄影機錄影，手機錄一錄，這個太形式化了，而且不一定是非常好的作法。要翻轉，自主學習是一定要的，跨域多元也很重要。

七、教改常見的問題

教改常見的問題，政策形成的部分，常看到新政推出，忘了舊政，沒做好政策評估，沒做好共識建立，政策規劃、政策目標不相關。比如說世界百大，就是錯誤的政策，後來有修了。修了以後只是表面上沒有，底子裡還是一樣，而且它帶動臺灣很多大學都在追求世界大學排名。再來用競爭分配資源，這剛剛講過了，指標判別績效，大家都來做指標，就指標很漂亮，欠缺永續發展性。這是 IR，上面是課程地圖，現在大學很少人在說了，不知誰在看課程地圖。現在變成中小學在做課程地圖。教改常是一階段接一階段，有時一個階段就換一個焦點，然後政策實施就像教改花車，大家一定要跳上去，沒上去就沒有錢，而且沒有名氣。最後要累積評鑑資料，大家都很辛苦。內部資源分配落差是個大問題，一個大學裡面不是每個院系所都在做教改，有的在做、有的沒在做，有的很有錢，快被錢壓死，有的沒有錢。同一個大學裡面的單位是這個樣子，內部資源落差，沒有整合與發展，做計畫要用政策指標，自己怎麼發展沒有在想，這個比較嚴重。政策評鑑跟改革，用數量評鑑價值，缺乏整體性評鑑與評鑑資料公開性，就很難找到，有時候根本就沒做。回饋改進機制差，也是個問題。

八、展望未來

最後展望的部分，因為時間的關係，我就扼要的講一下，然後就結束，讓大家提提問題。第一個，我希望教改要全面關照，不是今年改一點、明年改一點，改革要有整體聯繫。第二點，希望能夠選擇焦點，因為要整個都改的話，是有它的難度，希望針對想改的地方找出

來，找出來之後必須用系統改革，不能說只改一點就沒了。就像大學入學要參考高中學習歷程檔案，這件事情就不是只有那麼簡單的學習歷程檔案的事，涉及到大學的選才，大學要招滿學生；另外高中這邊，學習歷程檔案就涉及學生到高中的學習，會涉及高中開的選修課；會涉及大學入學到底大學要看的學習歷程檔案是什麼？大學選才標準是什麼？怎麼評分？這個就很重要。第三點，要追蹤教改的成果，要落實到學生的學習，必須要永續發展，資訊要透明，這個背後一定要有研究發展作為基礎。比如說今年有一百億要花，一百億要花在教改上面，一百億拿出 1% 就是一億。一億就來做研發，跟這個案有關的研發就那一億來做，做了以後隨時回饋到這個計畫裡頭來，不要到時說沒有做，到最後隨隨便便提個研究報告交差了事，這是沒有用的。

九、問題討論

陳姚眞老師問：大家還在思考的時候，我先拋磚引玉，老師的這個批判火力比我們以前當學生的時候，其實是有增無減，也帶給我們更多的啟發。我想請問老師，剛剛在結束的時候有稍微提到學習歷程檔案，我目前指導一位高中的主任，他的業務就在推他們學校六大學群，他對這件事情很關心。他也以這個當作他的碩士論文，老師可不可以多談？因為對於這個問題，教育部委託暨大兩位老師，他們已經做好了平臺。高中端現在最關心的就是這個，每次跟大學有一些座談，他們最關心的就是怎麼樣幫助我們學生到他們想要去的那些系所？現在整個工具，就學習歷程檔案，高一開始就要上去，牽涉到學生的個資，還牽涉質性的，我們怎麼去把它量化？像老師剛剛提到這些重點，大學要什麼？所以高中課程要怎麼去配合？再加上說，這些

評分的標準指標，是質性的部分，怎麼流於不會主觀？還有就是如果它可以量化，那到最後我就變成通通進去，資料填完就通通出來了，還需要大學可以去做什麼呢？這整個通盤的影響，老師對於這些能不能再多談一點？謝謝。

　　曾子旂同學問：這邊想要請教校長，最後校長有給我們七點的結語跟建議，就我們這些博班唸完之後要進入職場的教育新進人員來講，會希望校長可不可以給我們一些建議？像剛剛就有說系統改革的部分，我們要做一下全面關照，要做一些選擇焦點這些橫向、縱向這些，對我們必須要做哪一些事前的準備，在職場要怎麼應對？最後還有一點就是蠻難的，就是在於我們對於執行、或規劃相關東西，有時候現場其實很難去做一些反饋或評鑑的部分。可能這邊再請校長給我們一些分享，謝謝。

　　李奉儒老師問：感謝老師，還是感受到老師的批判火力。我關注的是老師一開始就講了，公立大學的專案教師的問題。因為我想老師在高教司司長任內，不知道是不是我們當時在談臺灣要做所謂大學公法人化，因為這樣的大學公法人化，這是一種新自由主義，已經慢慢把大學從社會的良心，轉化為一種技術性的產品、一種商品而已。老師就不再成為社會的良心了，不再成為知識創造的殿堂，反而是一種知識工廠。國外一本書就叫做 *Knowledge Factory*，甚至變成所謂廢墟中的大學。我也讀了一本書，叫做 *The Last Professor*（《最後的教授》）。因為以後都沒有所謂的教授，只有所謂的學術長工、臨時工。對於這樣的大學公法人化，這樣一個專案教師，這只是公法人化其中一個徵兆。事實上，日本人在 2008 年全部的私立大學都公法人化了，2014 年甚至連國立大學都是了，甚至在 2014 年它們也出了一

本書專門在批評這樣的公法人化跟新自由主義，那要請教老師，謝謝。

　　主講者答：謝謝三個問題。第一個有關學習歷程檔案的事，因為剛開始做，所以有些事還沒發生，不知道各大學到底實際上會怎麼做。現在是有公布一些學習歷程檔案，各大學的一些選才會參考的是哪些部分，怎麼參採等等。也看到有的大學不太願意做這方面的事。我朋友當中也有人在這一次之前，跟我講面試的事情，提供很多資料，在這之前，甄選入學就有了，這一次只是比較有系統性的建置資料，然後每個學生要提供這個資料。以前甄選入學，你要參加的人才用這些，以前對於這些書面資料，到底如何運用選才，其實以前就已經在做。但是有的大學就是不認為這是很好做的，有的大學就不願意做，就隨隨便便做。有大學的老師就曾經受媒體訪問，爆一些料出來，我相信那是真的，但他後來又說他講錯了，不是這個意思。這個確實是比較困難，我個人了解就是說，這次的爭議點是大學分 18 個學群，這 18 個學群，它要看的考科成績是什麼。看的考科，那它怎麼看，是通過，或是要算分數的。另外，學習歷程要看的話，它會希望看什麼，這個部分會有焦點，我們可能比較不知道。

　　比如說我是職業學校海事，海事科的學生，對口應該就是海洋大學，跟海洋有關的海事那塊。我在高職學到海洋相關專業課程，我進到更上一層，可能科技大學，海事的部分，在這個基礎上大學來教我，我可以學得更多。但是這個在很早之前，就碰到一個問題，就是大學有些學群招生比較容易，有的比較困難，有的是熱門的，熱門的就是很多人要考這個系，比如說醫學系，所以它有學生可以挑。它訂了標準以後，就可以篩選篩選，把要的找出來，再進行比較。書面資料也可以做一些篩選，到底怎麼做，這完全是大學的自由。高中這邊

它要去了解大學怎麼去選這些學生，要去應對，以達成自己的升學目標。

但是有的系就是招不到學生。所以說假如要對口，大學的海事相關學系，要對口職校的海事科，第一個，它招生量可能大於那個科的學生，因為那個科可能招的學生不多，是不足的。大學這邊只設定在高職海事科學生的話，這個大學海事學群的系就招不到學生，或招不滿，而且這個招不到會非常嚴重。如果是國立大學表面上是不嚴重，但實際上國立大學會比私立大學更嚴重，因為它是國立大學，都招不到學生，很難看，所以它會退而求其次，我海事的不要只對口海事，我對口輪機的，我對口海事職校的所有科別都可以，或海事職校的其他工科學生都可以。這樣子一來，大家想想看，會發現招到的學生有些是對海事很熟悉的，有些人是完全沒有碰過。若把科大招生對象開放到普通高中，一般大學招高職生，兩邊都招了不同基礎的考生進來，請問要怎麼教他們？這個就有些問題要探討。

大學是怎麼教不同基礎的學生？希望有興趣的人可以去研究一下。因為我印象中沒有人好好的去做這方面的研究。大家稀哩呼嚕的把學生進來了，我管你的，反正本大學、本系的課程就是這個樣子。也就是說，採取大學本位在辦教育，我就是教這些東西，你的基礎不同，我沒辦法應付那麼多人，反正大學有必修有選修，有的就靠選修。但我覺得這樣的因應方式是不太對的。

如剛所說科大招生放寬考生報名資格後，海事科高職的學生有沒有意見？家長有沒有意見？有啊！因為科大海事學系對口在職校海事類科的話，這些高職海事科的學生比較有可能考進國立科大去讀，但是當放大對口範圍的時候，甚至完全不以海事科為對象，放寬到普通高中，就是連高中生都要了，請問招生錄取標準是什麼？錄取標準一定不同，不能說要有高職海事科修過海事專業科目作為入學標準。所

以海事這邊的學生他們會認為他們失去保障，他們升學機會被別人搶走了，這個是發生在以往我在技職司任內的事。另外大學的人力是否足以負荷學習歷程檔案的審查，也值得留意，大學學系目前的編制人力很有限。

如果大學再聘專案老師，不管法人化或國立，我覺得在老師的晉用上，要把它制度化，讓專案老師進來以後還是有未來。最重要的是大學還是需要聘編制內教師，正式編制的老師進來以後有未來，他會有升等，這個機制在，老師會有發展性，會看到他自己如果努力的話，最後會像怎樣。不論是專案教師或編制內教師，都會有法律保障他們的權益。

大學老師良心的問題，我覺得關鍵應該是大型競爭性計畫帶來的影響。現在很少教授敢有良心出來講話，因為怕影響學校通過競爭性計畫，大學老師也受到政黨競爭的影響，我覺得大學老師應該是要看問題不是看政黨，要看問題到底在哪裡，如何解決，大學教師的客觀中立性很重要，應該成為社會公器。專案教師會是一個大的問題，因為現在看起來是蠻嚴重的。

對於要畢業工作的人，學會系統性思考很重要。以辦活動來說，活動的規劃、實施、評鑑及改進就是一個系統，辦活動不單是舉辦當時的事，還有事前規劃、事後的評鑑檢討及改進。像評鑑，可以簡單發一個問卷，不具名的。然後來參加的人都可以表示意見，不需要量化去勾選，更重要的是真實的意見。比較重要的是要請他提供哪個活動是辦得好的，哪個是要改變的。資料蒐集好以後，可以做一些整理，我們做事情就可以得到一些回饋，這個是可以做的，而且不會很複雜。現在科技進步以後，Google 也可以做調查，填簽者可在上面直接填也是很方便。沒辦法百分百回應大家的問題，因為有的問題真的要看後面的發展。學習歷程檔案的事情，也會涉及到考生和家長，

所以爭議是很大的。專案教師，涉及到的人很少，因為唸博士班的也沒幾個人，沒幾個人，你要去抗爭什麼？可能要透過民間關心專案教師的團體，或政府負責糾彈官員或部會的機構來協助。大學本身的良心是很重要的，辦大學而沒有良心是不應該的。

國家圖書館出版品預行編目資料

教育家的智慧：黃昆輝教授教育基金會教育學
講座選集／單文經，黃光雄，黃宗顯，黃昆
輝，黃政傑，楊深坑，歐用生著；財團法
人黃昆輝教授教育基金會主編. -- 初版.
-- 臺北市：五南圖書出版股份有限公司，
2021.09
面；　公分
ISBN 978-626-317-135-0（平裝）

1.教育哲學　2.文集

520.1107　　　　　　　　　　110014095

114G

教育家的智慧：黃昆輝教授
教育基金會教育學講座選集

主　　　編 ― 財團法人黃昆輝教授教育基金會（499.2）

執行主編 ― 周愚文、陳俞志

作　　者 ― 單文經、黃光雄、黃宗顯、黃昆輝、
　　　　　　黃政傑、楊深坑、歐用生

發 行 人 ― 楊榮川

總 經 理 ― 楊士清

總 編 輯 ― 楊秀麗

副總編輯 ― 黃文瓊

責任編輯 ― 李敏華

封面設計 ― 姚孝慈

出 版 者 ― 五南圖書出版股份有限公司

地　　　址：106台北市大安區和平東路二段339號4樓

電　　　話：(02)2705-5066　　傳　　　真：(02)2706-6100

網　　　址：https://www.wunan.com.tw

電子郵件：wunan@wunan.com.tw

劃撥帳號：01068953

戶　　名：五南圖書出版股份有限公司

法律顧問　林勝安律師事務所　林勝安律師

出版日期　2021年9月初版一刷

定　　價　新臺幣320元